U0111723

大展好書 好書大展

品嘗好書 冠群可期

大展好書　好書大展
品嘗好書　冠群可期

少林功夫⑬

少林十路鎮山拳

吳景川　主編

大展出版社有限公司

主編簡介

吳景川，係山東省臨沂市羅莊區盛莊鎮吳白莊村人，現在羅莊區委機關工作。

吳景川自幼習武，精心研練，遵循能者爲師，堅持尺有所短，寸有所長，凡學者如饑似渴。多次擔任臨沂地市武術教練員、武術競賽總裁判長、省級武術比賽裁判員及國際傳統武術比賽裁判員，並借經常參加裁判工作之機，虛心求教，不恥下問，涉足多門拳學。曾受到許多老拳師的精心指導，受益匪淺。

吳景川從事武術教學三十餘年，培養了大批武術人才，部分學生曾在全國、省、市各級武術比賽中多次獲得冠軍。現爲國家武術一級裁判員，曾任臨沂武術協會副主席兼秘書長、臨沂少林拳研究會會長等職。

本書編輯委員會

顧　問：吳樹美　張西房

主　編：吳景川

副主編：（按姓氏筆劃為序）

編　委：（按姓氏筆劃為序）

4

前 言

>>>>>>>>>>>>>>>>>>>>>>>>>>>>>>>>>>>>>>

少林拳是由少林寺而得名的古老拳種，是我國流傳最廣、影響最大的武術流派之一。

少林拳形成於隋末唐初，經歷代僧眾結合民間諸家流派相互交流、促進，不斷有所發展。拳術套路主要有：少林長拳、五形拳、少林十三抓、大紅拳、小紅拳、大虎燕、小虎燕、六合拳、朝陽拳、短拳、少林捶、炮捶、金剛拳、羅漢拳等等。少林十路鎮山拳，是少林武術中的代表性套路。相傳宋初福居禪師曾邀集各流派武術名家來寺傳技，並經研練、取捨，匯集成冊，逐漸形成套路。

5

本書整理的少林拳是由清末民初少林一代宗師楊秀山所傳，至今已近百年。主要流傳於魯、蘇、豫、皖一帶，特別是魯南的臨（沂）、郯（城）、蒼（山）、棗（莊）及蘇北等地，武風盛行，普及面廣，城鄉喜聞樂見。

筆者習練此拳已近四十年，對魯南各地所演練的套路，略知點滴，在少林拳研究會的支持下，組織同仁，對少林十路鎮山拳進行了整理匯編。

　　因本人水平有限，理解不深，在整理匯編中，難免疏漏，不足之處，敬請武術行家教正。

吳景川

目　錄

一、概　述

（一）少林鎮山拳的由來

　　少林鎮山拳是我國少林武術拳系中的優秀套路之一。它以剛健有力、樸實無華的風格，套路系統、內容充實、招法多變，利於實戰的特點，在武術界獨具一格，國內外久負盛名，深受武術愛好者的青睞。

　　少林鎮山拳的形成和發展，實際上是經過歷代僧眾結合民間諸家流派，取長補短、相互交流促進、兼收並蓄、不斷得到充實和提升的。

　　相傳隋朝末年，人民不堪徭役、兵役之苦，紛紛起兵反隋。在唐王朝的統一戰爭中，少林寺護寺武僧曾幫助太宗李世民武裝抗拒王士充，並擒捉了王士充的侄子王仁則，為唐王朝的統一大業立了大功，因此，受到了李世民的嘉獎。

　　太宗繼位後，曾封少林和尚為五量和尚，准許吃肉飲酒，並准許建立兵營、招收僧兵，因此，少林名聲大震，各方武術名家慕名而來，相互交流促進，後來逐漸發展成為少林武術。

　　由於唐代武舉制度的設立，民間習武之風盛行。至宋代仍沿襲了唐代的武舉制度，並得到發展，民間自發組織、流

派增多，武勇之人倍出，同時少林武術也廣為流傳。相傳此間少林福居和尚曾邀集全國十八家武術名手入寺傳藝，並將各家技藝，加以匯總，經多年的鑽研、取捨，匯集成冊，後經歷代研練、總結、發展至今。

現在流傳的拳譜中曾有記載「夫短打者（長拳）原自少林福居禪師冊集也」，「習學諸家之法多年，乃得真傳……。」這諸家之法指的是「太祖的長拳，韓通的通臂拳，鄭恩的纏封手，溫元的短拳，馬籍的短打，孫恆的猴拳，黃佑的靠身拳，綿盛的面掌，金箱的磕手通拳，劉興的勾探手，譚雲的滾漏手，燕青的跌法，林沖的鴛鴦腳，孟勝的連掌，崔連的炮捶，楊袞的捆擄手，王郎的螳螂總敵，高懷德的摔掠硬崩」等。

從以上武術名家看，雖有個別不是同時代人，但足以說明是歷代僧眾結合民間諸家之法，教研、總結、兼收並蓄，而發展成其為少林武術。

金元時期，元朝統治者為了防止人民的反抗，禁止民間結社習武，不准製造和收藏兵器，違此禁令者，則處以「沒收家財，杖笞、處死」等刑。一時，民間武術受到摧殘，少林武術的發展也受到了一定的限制。

時有山西太原人白玉峰，武技精進，原在洛陽授徒，後受聘嵩山少林，遂與少林寺武僧切磋技藝，後歸少林，實得少林衣鉢。在研習少林武技中，不斷吸取精華，融入舊法，創龍、虎、豹、蛇、鶴五行拳，以及後來派生出來的「少林十三抓」等。白玉峰以後又傳於覺遠和尚，覺遠和尚深究拳藝後，又遠走他鄉，遍訪名師，後又聘中州名師李叟到少林寺傳授大、小洪拳和擒拿術等。

　　相傳朱元璋在建立明朝時，曾得到少林僧徒的幫助，天啟年間經常征調少林僧兵，因而使少林武術再度得到恢復和發展，民間不同風格、流派的拳術和器械有了空前的提升，初始於宋代的「十八般武藝」有了新的概括，業已有了記載完整套路的圖譜書籍，少林寺也恢復到了極盛時期。其間，研練和交流頻繁，抗倭名將俞大猷，曾入寺傳授臨陣實用棍法。

　　明末，由於少林寺僧兵聽從明政府調遣，參與了鎮壓農民的起義運動，因而遭到當地農民的沉重打擊。清王朝建立後，統治者對少林寺僧嚴加管束，少林武術曾一度被禁，少林寺更是「已久經劫火，法堂草深，宗徒雨散矣」，雖後來幾經重修，也不再像原來那樣興盛。至清末，少林武術已失傳大半，特別是民間戰亂，石友三火燒少林寺，文物古跡、經書、拳譜毀於一旦，僧眾具多流落民間。

11

　　少林拳源出少林，雖在全國範圍內開展較為普遍，但本書所述少林鎮山拳長期流傳於魯、蘇、豫、皖一帶，特別是在魯南的臨沂、郯城、蒼山、棗莊及蘇北等地，廣為流傳，普及面廣，城鄉喜聞樂見。其所習少林鎮山拳套路系統，風格有別於其他少林外家拳。

　　清末民初，武術名家楊秀山（少林拳二十八世）在沂州（臨沂舊稱）國術館傳授的，戰亂後又在臨沂、郯城、蒼山、棗莊等地鄉村廣為授徒，又由弟子宋德聚、張如松、何秀奎、吳樹美、郭慶方、郭明堂、郭明揚、楊寶德、沙運金、于化龍等老拳師再傳至今。

　　所傳徒手套路主要有：十路少林鎮山拳、少林十三抓、金剛拳、羅漢拳、大洪拳、小洪拳、大虎燕、小虎燕、撥鐮

拳、短拳、四門八極和八極單拆等。

所傳器械套路有：十路少林單刀、滾膛刀、少林雙刀、手梢子棍、大梢子棍、大二節棍、三節棍、四門鞭、五虎斷門搶、風魔棍、七星劍、提袍劍、月牙鏟、少林馬叉和大刀等。

徒手對練有：金雞鬥、午子捶、對擒拿和八極拳對拆等。

器械對練有：少林十三杆、單刀破花槍、雙刀擒槍、對扎槍、棍戰槍、大刀擒槍、梢子棍對棍、樸刀戰槍、對劈刀、三節棍進棍和二龍戲珠等。

少林功法有：石鎖功、鷹爪功、鐵掌功、貼山靠、游身樁和少林氣功等。

其中：少林單刀、少林雙刀、三節棍、四門鞭、五虎斷門槍、風魔棍、七星劍、月牙鏟、少林馬叉和大刀列為少林十大器械。

（二）少林鎮山拳的動作特點

1. 套路系統，風格獨特

少林鎮山拳從第一路九刀十八功（功力拳）到第十路埋伏拳，各有側重點，套路系統，不失風格，結構合理，動作明快。

起勢大都採用：上步按掌、霸王舉鼎、兩手托平、分手出掌開手；收勢大都採用：梅花攪手、拉跨虎、謝步請示結束；套路的演練上，突出了「拳打一條線」，進退起落直來直往，輾轉騰挪、特點鮮明。

2. 結構嚴密，動作樸實

少林鎮山拳共有六百餘個單動作，從整體看，拳勢結構緊湊，細緻嚴密，動作矯捷，樸實無華，一招一勢，非打即防，著眼實用，不練花架子，頭、手、肘、肩、腳、膝、胯都要符合動作要求，突出了快、準、狠。

快：主要是指無論是正面直進，還是左右取勢，均要求以快制勝，做到「拳出有形，打之無形」；

準：主要是指擊點準確，按動作要求，上、中、下三盤均不能虛滑錯位，「手起撩陰，肘起擊心，膝起望懷，腳起膝分」，遠攻近取，技法落點要清楚明確；

狠：主要是指練用結合，練時不用力，用時無力用，狠不起來，練用均要做到「舉手不留情，抬腿不讓步」，如猛虎下山，餓虎撲食。

3. 剛柔相濟，內靜外猛

少林拳雖然在技法上以剛猛遒勁著稱，突出了一個「硬」字，但由於動作的高低錯落，變化多端，還要虛實並用，並善於借人之力，順人之勢，制人之身，順勢打勢，聲東擊西，虛虛實實，剛柔相濟，練時心平氣和，無人當有人，用時要冷靜，有人當無人，要求內「靜」外「猛」，所謂「守之如處女，犯之如猛虎」。

4. 跺腳催力，落地生根

跺子腳貫穿於整個套路中，講究根基牢穩，堅如磐石，如本書所述的跟步出掌、跟步打通天捶、震步刺掌、十字

捶、展翅扣捶、護肩挎籃、揣襠栽捶、金剛搗碓等，都採用了原地震腳，小步踏腳和大步跺腳的動作，這種震、踏、跺的動作，其一是短促重擊地面，由於加大地面對人體的反作用力，加大上肢的發力；其二是在進步中能起到換步連續進步的作用；其三是擊地有聲，「腳動如雷」，以助拳勢；其四是落地生根，下盤牢固，不易被人制倒於地。正所謂：「發拳有穿山洞石之情，落步有入地生根之意。」

5.四擊合法，八法自然

少林鎮山拳和其他長拳一樣，在內容上同樣包括「踢、打、摔、拿」這四種法則，在練習過程中，要求每一招一勢，均要恪守規矩，在每路動作中體現出來，並做得合乎要求。

少林套路中踢法很多，各種單踢、跳踢動作多次出現，具體內容包括：蹬、踹、勾、點、彈、掃、擺、踩、掛、纏等；打的內容更多，手法上有幾十種之多，主要常用的有：沖、劈、挑、撩、撐、挎、攔、勾、砸、蹦等；摔法上主要有：揣、拌、掛、別、擰等；拿法上主要有：刁、拿、鎖、扣、封等。這些內容都要合乎動作法則，如在踢法上蹬是蹬，彈是彈，不能蹬彈不分。

在運動特點和技法上，少林拳主要突出了對身法的要求，具體內容是：進、退、起、落、收、縱、轉、折，各種配合身法的動作，均要求在運動過程中做得自然，不僵不弛，進低、退高，輕靈穩固；起橫、落順，不失平衡；收疾、縱速，輕如驚鴻；轉翻、折彈，柔中蓄剛。

6. 象形取意，招實意明

少林拳術中的很多動作是以動物的動作為名稱的，但絕不是直接模仿動物的形態，而主要是吸取動物的生存鬥爭的本能，不是簡單地為模仿而模仿，而是仿生取意，突出動作的攻防特點，如二龍吐鬚、猿猴獻果、野馬分鬃、鳳凰旋窩、鴛鴦腳踢、金雞獨立、大虎抱頭、坐虎勢、金龍翻身、金龍擺尾、烏龍絞柱等等，都是根據動作的特點，象形取意，招實意明，出現的仿生動作，均能體現出見招破招，及變幻莫測的攻防內涵。象形動作不但給人以直觀的感覺，而且動作簡單、古樸、變化合理，勢中有招、招中蓄勢，勢勢招招不離其意。

7. 重點重複，貫穿始終

少林拳共計六百餘個單動作，除起勢和收勢動作大都重複外，還有許多動作多次出現，在每路中個別動作也多次重複出現，如震腳、刺掌、蹬山勢（弓步）、騎馬勢（馬步）、蹬踢、彈踢、二起腳、旋風腳、跳踢、劈山掃腿、採擄踢打等等，這些動作的出現，不但在套路中起到了承上啟下、便於銜接的作用，而且突出了拳勢的特點和重複練習的機會，體現了一招一勢的精練程度。

8. 樁功合一，相輔相承

拳諺云：「練拳不練功，到老一場空。」習拳練武，不只是練習套路，而是要結合功法練習，每一拳種都有其傳統功法和健身功法，長期堅持習練，不僅可以強筋壯骨、祛病

健身，而且能使各習練的套路動作，起到事半功倍的作用，功法合一，相輔相承，技術質量才能達到純青的地步。

少林拳結合練習的一般椿功有：馬步椿：主要練習丹田之氣及下盤的根基功夫；靠臂椿：主要練習兩臂的碰撞承受能力和以氣催力的功夫；靠身椿：主要練習臂撞、腳踢、肩打、胯靠、膝頂等操練方法；流星椿：主要練習上步、退步、轉身等結合拳法的步法練習；午子捶對練：主要練習二人的攻防動作的熟練程度及動作的正確使用方法；鐵牛耕地功：主要練習指力、兩臂的支撐力、腹肌以及丹田之氣。以上結合少林拳術的功法練習，對習武長功都具有較高的價值。

（三）練習步驟、方法、要求

1.練習步驟

少林拳的練習步驟和其他拳種的練習一樣，都應先習練基本功、基本動作（包括組合練習），後習練套路。在整個練習過程中還應穿插一些功法練習。

少林拳的基本功練習，不只是表現為各種踢腿、跳躍性動作的練習，它的內容應包括腿功、腰功、鼎功、椿功和輔助功法的練習。

基本功掌握得如何，直接關係到套路的習練，因此說，更好地掌握基本功和基本動作，是為提升套路的演練打基礎的，拳諺「打拳不溜腿，到老冒失鬼」；「練拳不活腰，終究藝不高」等，就充分說明了基本功的作用。

在練習基本功的過程中，並不一定把基本動作學完後，

再練習套路，而要把套路中的主要基本動作結合起來進行練習。

　　第一階段先學習腿法中的正踢腳、側踢腳、裡合腿、外擺腿後，不要急於學習跳躍動作，在其間可穿插一些基本動作，如馬步（騎馬勢）、弓步（蹬山勢）、仆步、虛步、歇步等配合簡單拳法的練習。

　　第二階段可接著學習彈腿沖拳、二起腳、旋風腳、騰空擺蓮、旋子、側手翻等，這些基本功難度較大，要循序漸進，最好加一些輔助性練習，在基本動作方面，可結合套路內容，做一些組合練習。

　　第三階段要學習前掃腿、後掃腿，跌撲滾翻動作，如鯉魚打挺、撲虎、搶背、護地剪、金龍翻身、金龍攪尾等動作，但有些動作並不一定要在基本功練習中去練，也可在學習套路期間，在學習前，把基本功動作先掌握好再學習，這樣，一是避免了基本功練習時間太長；二是在學習套路中不至於停頓。在此期間，可繼續做一些組合練習或十路彈腿等練習。

　　第四階段可開始學習套路，但在每次學習前，必須要先練完基本功後再學習。這裡必須注意一個問題，就是練習少林拳一般先從第二路迎門掌開始，其次一路、三路。原因是二路迎門掌在十路少林拳中，是一套基本動作較多，內容較全面的套路，而且難度較其它套路小，便於學習。二路學完後再學習一路就容易得多了，但種種風格難度不同，從第一路依次學習也是可以的。

　　在學習套路階段，要堅持重複練習法，使初學者有一個學習、提升、鞏固的機會。教授動作不易過多，要因人而

易，要堅持在每次練習的基礎上，最後安排一段時間學習新的內容，每個套路學完後，要留有熟練和鞏固的時間，一般傳統的教練法多採用「定」、「盤」、「活」練功步驟與方法。

「定」就是指初學者在開始學習動作時，先要使動作定型，「先求開展，後求緊湊」，所採取的姿勢要先往大裡練，要力求架正，也就是外形上的動作規範，動作定了型，才不至於在以後的練習當中，出現「滑、花」架子。

「盤」就是指練習者按套路內容，一勢接一勢地往下練，也就是通常說的盤架子，要堅持邊練邊整，邊整邊練的原則，在定勢的基礎上，力求將動作各個環節貫穿起來，手、眼、身法、步及節奏表現出來，要逐漸加大動作的力度和速度。

「活」就是指練習者要按照套路的要求，處理好整個套路的節奏和體力的分配，使全套的演練表現出動靜分明、進退起落、快慢相間、剛柔相濟、抑揚頓挫，把本套路的風格、特點表現出來。在「活」的過程中，可採取的一種方法是：不要先整套整套地往下拉，而採用分段練法，按套路本身趟或段的順序，一趟一趟地分段練習，待各趟符合套路要求後，再合起來整套練習。

另一種方法就是：按套路中的難度或薄弱環節先進行練習，然後再合起來拉整套，對完不成的動作要由分段練習或重點練習來改進和提升。

十路少林鎮山拳學完後，要進行超套練習，在鞏固的基礎上提升，做到熟能生巧，「拳打千遍，身法自然」；「拳打萬遍，其理自見」。在熟練期間，要結合一些外壯功練習

和氣功練習，拳諺云「練拳不練功，到老一場空」；「內練一口氣，外練筋骨皮」。

另外，還要結合一些輔助性功法練習，有效地提升全面身體素質和技術水準。

2. 練功方法

練功方法一般採用重複練習法和綜合練習法，在以上練習步驟中已結合講過，不再重複。

3. 練功要求

練功要求包括四個方面的內容，即：練功前的準備工作；練功時間的安排；練功運動量的掌握；練功後的注意事項等。

19

準備工作

少林拳屬長拳類，動作大開大合，氣勢猛烈，在練功前一定要做到：肺臟舒展、關節鬆開、血脈通暢，練前要先跑跑步，把腕、踝、膝、胯、腰、頸等各個環節都活動開，再進行練習，防止運動創傷。

時間安排

練功的時間最好安排在早晨和晚上，早上空氣新鮮，環境安靜，如果運動量適度，一天精力感到充沛，早上安排要以練為主，內容上的順序安排：準備活動、基本功、套路、功法練習、放鬆活動。

晚上練功能調劑和化解一天工作後體力和腦力的疲勞，運動量不宜過大，時間不宜過長過晚，以不影響睡眠為度，內容安排上除套路練習外，可以功法和學習內容為主。

如在早、晚不能安排練功，也可因人、因時、因地制宜，甚至可化整為零，同樣有效。

運動量的掌握

練功的時間長短、遍數多少、架子高低、勁力大小、速度快慢等都與運動量有關，掌握好運動量，對自身的調節非常重要，一般來說，早晨練功後，一天精力充沛，以下午不感到乏力為度；晚上練功後，以第二天醒來，身體不感到疲勞或酸痛為度，否則就是過量。

要根據自身的身體素質，一是要合理安排運動量，二是要根據運動難度的要求，逐漸加大運動量。

注意事項

練功後一定要注意調節、放鬆，不宜收勢後蹲下或坐下休息，要保持練功狀態，緩步走幾分鐘，使生理機能從積極活動的狀態，慢慢緩和下來。特別是大運動量練習，血液循環加速，氣喘噓噓，不宜馬上收功，更不宜蹲下休息。

正確的方法應是：收功後要保持練時狀態，手向下按，慢步行走，氣沉丹田，鼻吸鼻呼，慢而均勻，達到心平氣和後，再恢復正常活動。

二、基本動作

（一）手型、手法

1.手 型

（1）**拳**：四指併攏捲握，拇指緊扣食指和中指的第二指節。（圖1）

（2）**掌**

柳葉掌：四指併攏伸直，拇指彎屈緊扣於虎口處。（圖2）

瓦攏掌：五指用力張開，拇指屈曲，其餘四指旋扣，使掌心凹進。（圖3）

（3）**勾**

五指第一節併攏在一起，屈腕。（圖4）

圖1　　　　圖2　　　圖3　　　　圖4

2.手法

沖、推、擠、架、崩，劈、砸、挑、撩、撑；
點、戳、卡、雲、抹，刁、拿、鎖、扣、封；
摟、攔、掃、掛、纏，勾、揣、採、截、領；
貫、栽、抄、橫、掄，穿、插、拍、按、頂；
挎、抒、托、擺、撞，分、磕、抓、別、擰。

（二）步型、步法

1. 步 型

（1）弓步：兩腿前後分開，前腿屈膝半蹲，大腿接近水平，腳尖稍內扣；後腿挺膝蹬直，腳尖外展約 45 度；兩腳全腳掌著地。（圖5）

圖 5

（2）馬步：兩腳平行開立，相距約三腳寬，屈膝半蹲，重心在兩腿中間，膝部不超過腳尖，兩膝向內微扣，全腳著地。（圖6）

（3）虛步

正虛步：兩腳前後分開，兩腿屈膝半蹲，兩腰相靠，大腿面要平，後腳全腳著地，重心落於後腿，前腳腳尖內扣，前腳掌虛點地面。（圖7）

圖 6

22

圖7

圖8

圖9

圖10

　　側虛步：兩腳前後分開，兩腿屈膝半蹲，後腳外展，全腳著地，重心落於後腿，前腳腳面繃平，腳尖微內扣，腳前掌虛點地面。（圖8）

　　（4）仆步：兩腳分開，一腳屈膝全蹲，臀部靠近腳跟，腳尖稍外展；另一腿挺直平仆，腳尖裡扣，兩腳全腳掌著地。（圖9）

　　（5）歇步：兩腿交叉，前後相迭，屈膝全蹲，臀部坐於後腳跟處，前腿全腳掌著地，後腿膝部頂在前腿膝窩處，前腳掌著地。（圖10）

圖 11　　　　　　　圖 12　　　　　　　圖 13

24

（6）**丁步**：併步站立，兩腿屈膝全蹲，一腿全腳掌著地，重心略偏此腿，另一腿腳尖虛點地面。（圖 11）

（7）**叉步**：兩腿交叉，前腳腳尖外擺，全腳著地，屈膝半蹲，大腿接近水平；另一腿挺膝伸直，前腳掌著地，腳尖向前，腳跟離地。（圖 12）

圖 14

（8）**跪步**：前腿屈膝下蹲，全腳掌著地；後腿下跪，膝部貼近地面，前腳掌著地，腳跟提起。（圖 13）

（9）**橫步**：兩腳左右分開，約同弓步寬，全腳著地，兩腳尖正對前方，一腿屈膝全蹲，另一腿挺膝伸直。（圖 14）

圖 15

（10）**併步**：兩腿伸直併攏，全腳掌著地。（圖 15）

2.步法

（1）**上步**：後腳向前邁一步。

（2）**退步**：前腳向後退一步。

（3）**蓋步**：一腳經另一腳前，橫邁一步，兩腿交叉。

（4）**插步**：一腳經另一腳後，橫邁一步，兩腿交叉。

（5）**墊步**：一腳提起，另一腳蹬地前跳落地。

（6）**踏步**：一腳提起向地面用力踏跺，另一腳向前上步。

（7）**躍步**：後腳提起前擺，前腳蹬地起跳，接著後腳向前落地。

（8）**跨步**：後腳蹬地跳起，前腳前擺落地。

（9）**擺步**：兩腿微屈，腳跟提起，前腳掌後扒地面，兩腳交替進行。

（10）**搓步**：兩腳前後開立，約同虛步，後腳提起前踏，全腳掌著地；前腳提起前落，腳前掌虛點地面。

（三）腿法

（1）**彈踢**：一腿支撐，另一腿由屈到伸，向前彈出，高不過腰，腳面繃平，腳尖向前，支撐腿微屈。

（2）**蹬踢**：一腿支撐，另一腿由屈到伸，腳尖勾起，腳跟猛力蹬出，高不過胸，低不過腰，支撐腿微屈。

（3）**踹腿**：一腿支撐，另一腿先屈腰提起，然後腳尖勾起或內扣，用腳掌猛力踹出，上身略側傾。

（4）**纏腿（勾掛連環腿）**：一腿支撐，另一腿向裡繞環後踹出，力達腳跟。

（5）跺腳：一腿支撐，膝微屈，另一腿屈膝提起，腳尖朝前，全腳掌用力向下跺地。

（6）搓腳：前腿支撐，膝微屈，後腿向後彎曲提起，然後從後向下以腳跟搓擦地面，勾腳、挺膝向前踢起。

（7）單拍腳：一腿支撐伸直，另一腿腳面繃平向上踢擺，同側手在額前拍擊腳面。

（8）裡合拍腳（揭底腳）：一腿自然伸直，全腳著地；另一腿從體側經面前向裡做扇面擺動，腳掌內扣，異側手攔擊腳掌。

（9）外擺拍腳（擺蓮腳）：一腿自然伸直，全腳著地；另一腿從異側經面前向外做扇面擺動，兩手在額前依次迎拍腳面。

（10）前掃腿：支撐腿屈膝全蹲，掃轉腿伸直，腳尖內扣，腳掌擦地，迅速掃轉一周。

（11）後掃腿：上身前俯，兩手推地，支撐腿全蹲，掃轉腿伸直，腳尖內扣，腳掌擦地，迅速後掃一周。

（12）磨盤掃腳（古樹盤根）：支撐腿屈膝全蹲，掃轉腿伸直，腳尖內扣，腳掌擦地，迅速掃轉半周後內收，兩手右側扶地，支撐腿跳邁掃轉腿後落地，掃轉腿不停，繼續掃轉後半周。

（四）平衡

（1）提膝平衡（金雞獨立）：支撐腿直立站穩；另一腿在體前屈膝提起，小腿斜垂裡扣，腳面繃平內收。

（2）扣腿平衡：支撐腿半蹲；另一腿屈膝，腳尖勾起，並緊扣於支撐腿的膝窩處。

（五）跳 躍

（1）**二起腳**：擺動腿高抬，起跳腿擺踢伸直，腳面繃平，腳高過肩，同側手拍擊腳面。

（2）**旋風腳**：擺動腿直擺或屈膝，起跳腿伸直，騰空轉體一周，異側手攔擊腳掌。

（3）**連環飛腳**：擺動腿向上擺起伸直，起跳腿縱跳要高，兩腿依次踢出，兩手依次拍腳。

（4）**跳轉劈山**：擺動腿提起，起跳腿隨轉體向前蹬踢，力達腳跟，同時轉體 180 度。

（5）**騰空跳踢**：擺動腿向異側抬起，起跳腿向同側跳起側踹。

（6）**騰空彈踢**：身體騰空，擺動腿抬起，起跳腿由屈到伸向前彈出，腳尖向前，力達腳尖。

（7）**騰空蹬踢**：身體騰空，擺動腿抬起，起跳腿由屈到伸向前蹬踢，腳尖勾起，力達腳跟。

（8）**騰空擺蓮**：擺動腿高抬，起跳腿伸直外擺，隨騰空轉體一周，兩手依次拍擊腳面。

（六）跌撲滾翻

（1）**搶背（滾身）**：一腳起跳騰空前躍，上身捲屈，肩、背、腰、臀依次著地，滾翻要輕快、圓活，起身迅速。

（2）**護地剪**：兩腿騰空向前躍出，身體俯地，兩手支撐，兩腿成剪狀。

（3）**鯉魚打挺**：俯臥開始，迅速挺腹，兩腿折疊下打，起身輕快。

（4）**金龍翻身**：向後騰空跳轉，成俯臥姿勢，手、肘、腳著地，兩腿稍屈併攏或稍微分開。

（5）**烏龍絞柱**：側臥始，肩、頸著地，腰腿豎直，兩腿在空中相絞，幅度要大。

（6）**金龍攪尾**：俯臥或側臥始，兩腿依次左右擺動，成剪絞姿勢。

三、少林鎮山拳套路總歌訣

中國十路少林拳，宋初禪師福居傳；
曾邀武林十八家，鑽研取捨幾十年；
匯總諸家驚人藝，妙記於集得真傳；
宋元明清經歷代，僧民取捨臻完善；
日積月累傳千載，形成奧妙玄中玄；
千秋功過隨評說，武林盛名天下傳；
剛健有力利實戰，樸實無華招多變；
進退起落直來往，演練拳打一條線；
頭手肘肩腳膝胯，遠攻近取不等閑；
拳出有形打無形，舉手抬足防三盤；
踢打摔拿循法則，手眼身法求自然；
進低退高輕靈穩，起橫落順翻轉彈；
剛柔相濟順人勢，內靜外猛虛實連；
靜時守之如處女，犯之猛虎下丘山；
踩腳催力驚如雷，落地生根身固盤；
震踏踩踩生根意，穿山洞石助鐵拳；
象形取意求本能，招實意明能體現；
簡單古樸勢合理，變幻莫測存內涵；

重點重複貫始終，突出重點多精練；
承上啓下便銜接，踢打摔拿招勢連；
樁功合一增技藝，袪病健身可延年；
習武長功達純青，高人頭地苦修煉。
一路九力十八功，開拳就勢不放鬆；
帶腿吐鬚連結海，棚樑翻飛快如風；
貫耳冠簪接擺腿，鴻門射雁挽畫弓；
劈刀半掃護地剪，腿掃八方馬步撐；
反打咒捶上獻果，抱柱急退馬分鬃；
單踢接打躍步捶，揭底撐捶腳旋風；
穿拉臥勢巧栽拳，轉身二起踢半空；
開拳苦練九力勢，修成妙玄十八功。
少林二路掌迎門，舉手抬足不讓人；
十路短打為母拳，刺穿撩撐妙法連；
進步截腕捶通天，跟步連刺拉擔邊；
梅花攬手拉挎虎，分扣跟步三擊鼓；
劈山掃腿接護肩，挎籃斜行拉單邊；
穿抹撩掃展羅漢，二起連刺掌推山；
抖發撩陰上下盤，翻身就地拾金錢；
穿手二起操勢捶，鐵掌練就陽手雷。
少林三路趟連手，三盤精練任爾走；
勾摟護肩搖晃捶，採摛鴛鴦腳踢回；
揣襠栽捶斜挎籃，七星抱斗雙對拳；
單踢疊膝奔下盤，晃掌護肩風擺蓮；
大虎抱頭勾連環，捷打搓腳接坐盤；
旋風腳起獨立站，推謝上抹出單邊；

連環掃腿走下盤，八開進步勢鎖籃；
魁星獻斗搓步走，趙連亦叫螳螂手。
少林四路拱手拳，三請諸葛天下傳；
開勢亦同趙連手，三請諸葛三抱斗；
推捶晃捶捶挎籃，葉底藏花不等閒；
劈山掃腿反獻掌，雲手捋發後掃膛；
順步打捶接劈山，勾掛連環打過山；
陽捶陰捶進步肘，單邊鎖籃搓步走；
巧女紉針一指點，二龍吐鬚奔敵眼；
梅花攬手拳七星，藝成拳掌非凡功。
少林五路小五掌，掌刺揣撐任爾擋；
穿掌攉勢接跳彈，採擄掛塔招法連；
裹腿帶腿腳旋風，巧出子龍馬步撐；
二起揣掌兩進手，跳踢敗勢風擺柳；
二起揣掌三進手，反身橫攔擋爾走；
掤手擺蓮挽畫弓，抹掌連進躍步撐；
穿袖單踢二起腳，擺蓮帶腿連脫靴；
五子登科風擺蓮，五路用掌不用拳。
少林六路地盤功，謝步護頂馬分鬃；
穿袖單踢旋風腳，力劈華山護前胸；
金龍翻身倒插虎，擺尾連環倒踢鐘；
鯉魚打挺奔敵前，蹬山右拳先左封；
橫掃千軍接趨步，青龍擺尾連側蹬；
古樹盤根護地剪，採擄劈壓併步封；
烏龍攬柱旋身起，搶背二起踢半空；
旋風擺蓮梅花手，地功盤功和腿功。

少林七路七星拳，趟似七星走連環；
梅花撐掌轉七星，雙採刺掌腳旋風；
搖掌二起巧栽拳，轉身栽捶梅花連；
展翅結捶連進勢，掛塔單踢巧栽拳；
四進結捶旋身進，展翅坐虎把路攔；
二起左旋大撲地，接打採擄雙擺蓮；
七星掛塔擒拿手，揣掌披掛掌連環；
梅花連勢七星架，肘腿搗碓使大纏。
少林八路獨門拳，八掛連掌少林傳；
小請虛步藏花掌，偷撐披掛掌連環；
搖劈跳劈翻身劈，穿林撩陰獨立懸；
四進連手推碑勢，衛胸托嗉奔喉間；
進肘崩推接劈山，掃腿望月連坐盤；
八方連掌奔四門，合掌撞掌力要全；
虛步雙崩掌掛耳，揪袖臥勢腳橫旋；
五掌八掌迎門掌，八掛掌法獨妙玄。
少林九路四門掌，四門奔打莫等閒；
小請巧起分水勢，騎馬托槍掌連環；
穿手左右二起腳，獅子張口左右攔；
順水推舟蹬山捶，護掌抱堂磕帶彈；
搖掌坐盤捶護頂，單踢裡合下栽拳；
撩腿挽弓掛金鉤，跳劈砸拳黑虎攔；
雙搡砸踢回馬拐，貫耳冠簪雙擺蓮；
打虎壓肘三擊鼓，順打肘腿貼地旋。
少林十路埋伏拳，十面埋伏招法玄；
梅花敞門坐盤勢，護頂挎虎繞劈拳；

勒馬撈月海底炮，二起格肘腿擺蓮；
撲地托槍正盤肘，鞭拳抽帶使小纏；
落地生根弓馬捶，採踢纏搖勢坐盤；
大鵬展翅接雙勾，推掌打虎撲連環；
翻江壓踢手托天，搗碓雙撞挽挎籃；
封崩金鉤下敞門，十路埋伏招法全。
福居傳下十路拳，以寺為名代代傳；
英雄輩出傳佳話，歷代相傳有千年；
單路拳套成一體，路路相關招法全；
招中蓄招勢蓄勢，六百招勢妙手連；
千遍巧練知真諦，萬遍超群知妙玄；
功成還需苦修煉，強身健體可延年。

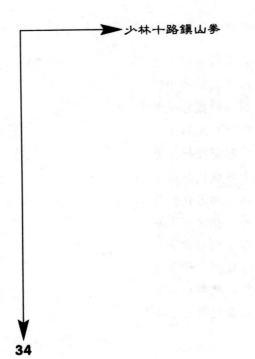

少林十路鎮山拳

34

四、十路少林鎮山拳

第一路　功力拳

　　功力拳，亦叫九力十八功，主要由上步帶腿、二龍吐鬚、雙峰貫耳、巧女冠簪、採摟踢打、劈山掃腿、猿猴獻果、將軍抱柱、野馬分鬃、護地剪、上步栽捶、旋風腳等動作組成。全套短小精悍，是快攻直進的路子，演練時有一定難度，特別護地剪動作，要在學習套路前先練好。

　　猿猴獻果、將軍抱柱兩勢，本書只做了跨步架掌接跪步上崩拳或摟抱動作，在動作精熟的情況下，可做成上步架掌騰空彈踢再接動作，上步栽錘亦可做滾身動作。

（一）套路歌訣

　　　　上步按拳左右分，霸王舉鼎力托天；
　　　　兩手托平胸前橫，分手出掌帶踢彈；
　　　　上步帶腿兩擊掌，二龍吐鬚擊敵眼；
　　　　單踢揭底緊相隨，馬步撐捶力兩邊；
　　　　旋風腳起轟天雷，馬步棚樑上下翻；
　　　　雙峰貫耳進身勢，巧女冠簪護耳邊；

掤手擺蓮防前敵，鴻門射雁奔下盤；
謝步捋發先採手，搓腿劈山身要懸；
伏身半掃觀前敵，飛身護剪剪連環；
掃腿撐捶騎馬勢，搖膀匡捶力要圓；
採擄踢打獨立勢，翻身肘捶擊喉間；
猿猴獻果先架踢，將軍抱柱臂撐圓；
野馬分鬃雙扯旗，單踢揭底緊相連；
旋風腳起轟天雷，一拉臥勢側身觀；
上步栽捶接歇步，二起旋風腳踢天；
馬步撐捶肩催肘，掤手擺蓮防胸前；
鴻門射雁橫襠步，梅花攬手上下翻；
虛步挎虎前撩袍，謝步請示招法完；
若問此拳名和姓，少林一路功力拳。

36

（二）套路圖解

預備勢

兩腳併攏，成立正姿勢，兩掌心自然貼於兩胯側，頭正、頸直、兩眼平視。（圖1）

1. 上步按掌

左腳向前上一步，同時，兩手向後、向上舉起，掌心向前，右腳腳跟抬起，兩眼目視前方。（圖2）

上動不停，右腳上步成併步，兩掌塌腕、掌心向下，經兩耳側下按於體兩側，掌心向下，掌指向前，目視左手。（圖3）

圖1　　　　　　　　圖2　　　　　　　　圖3

【動作提要】：上步按掌要連貫，兩掌下按，力點在掌根。

2. 霸王舉鼎

兩掌同時外旋、上抄，兩掌心向上，中指尖相對，自小腹前上托至胸前，掌離胸部 3～5 公分，兩肩微前抖，目視兩掌。（圖4）

圖4

上動不停，兩掌內旋上舉，掌心向上，指尖相對，目視兩掌。（圖5）

【動作提要】：兩手托成托平勢時，不要停頓，在此處是過渡動作，要邊托邊轉掌心，向上托掌。

3. 兩手托平

兩掌同時分開向兩側下按、至腹前上抄，掌心向上，指尖相對，上托至胸

圖5

圖6　　　　　　圖7　　　　　　圖8

前，目視兩掌。（圖6）

【動作提要】：動作同（圖4），托
平時稍停頓一下。

38

4. 分手出掌

圖9

兩手交叉，內旋，上架於頭頂上方，
同時，右腳抬起，目視前方。（圖7）

上動不停，兩掌向兩側分手至腰間，
同時，右腳向下震腳，兩腿微蹲，目視右
掌。（圖8）

上動不停，左腳向前上步，腳尖微內扣，兩膝相對平
高，成正虛步姿勢；同時，兩掌自腰間向前穿出，掌心向
上，指尖向前，微高於肩，兩眼目視前方。（圖9）

【動作提要】：（1）右抬腿上架掌和分掌震腳要連
貫，分手亦可做成抓握成拳於腰間，出拳時拳再變掌。
（2）左腳上步成虛步出掌，亦可做成左彈踢，下落成虛步
出掌。

圖10　　　　　圖11　　　　　圖12

39

5. 上步帶腿

　　左腿直立，左腳踏實，右腿上抬，大腿成平面，腳面繃平微內扣，同時，右手內旋向下拍擊腿面，目視右掌。（圖10）

　　上動不停，右腳下踏，左腳抬起，左掌內旋向下拍擊腿面，目視左掌。（圖11）

　　【動作提要】：上步帶腿要做成跳換步，左右手連擊兩響。

6. 二龍吐鬚

　　重心下降，右腿下蹲，左腳向體左側落步，腳跟提起，前腳掌著地成側虛步；同時，兩掌成劍指，微分，右手上架於頭上方，左手向左側方平擺，目視左前方。（圖12）

　　【動作提要】：（1）先架後擺。（2）上虛步和擺指要同時。

圖 13　　　　　　　　　　　　圖 14

7. 扣捶蹬踢

　　右腿直立，左腿收回抬起，上體微右傾，兩手抓抱於兩腰側，不停，左腳向左側蹬出，腳高於腰，腳尖勾起，力在腳跟，目視左前方。（圖13）

　　【動作提要】：左腿收回抬起後要迅速蹬出。

8. 上步揭底

　　左腳左側落步踏實，右腳從右側向左裡合擺踢，腳掌內扣，左手攔擊腳掌；同時，右手收回抱於右腰側，目視右腳。（圖14）

　　【動作提要】：裡合腿拍腳。

9. 旋風腳

　　右腳落地內扣，左腳腳跟抬起，腳前掌著地；同時，右手上擺，左手裡合，掌心向下，目視左上方。（圖15）

　　上動上停，左腳抬起，屈膝，右腿蹬地起跳，騰空轉體

圖 15

圖 16

一周，左手攔擊腳掌。（圖16）

　　【動作提要】：裡合腿拍腳後，可接做馬步撐捶，再接旋風腳，亦可不做。

10. 馬步撐捶

　　左腳落地，右腳下落踏實，與左腳相距三腳寬，屈膝

圖 17

半蹲，重心在兩腿中間，膝部不超過腳尖，兩膝微內扣，全腳著地；兩手分別抱拳收於腰間，不停，兩拳內旋，同時向左右撐拳，拳眼向上，高與肩平，目視左拳。（圖17）

　　【動作提要】：旋風腳落地即為馬步。

11. 馬步掤樑

　　下肢不動，兩拳變掌下落、裡合至腹前交叉上架於頭上方，掌心向外，左手在裡，右手在外，目視兩掌。（圖18）

圖 18

圖 18（附）

【動作提要】：（1）旋風腳後可直接做成馬步掤樑，馬步撐捶亦可省去。（2）如省去撐捶，落地成馬步後，兩掌可先向兩側下砍掌，然後上架掤樑。

12. 雙峰貫耳

重心右移成右弓步，上體微右轉；同時，兩掌分別向體兩側下砍掌，目視右前方。（圖 19）

圖 19

上動不停，左腳向右腳前上步，全腳著地，腳尖向前，屈膝半蹲，左腿接近水平，右腿挺膝伸直，前腳掌著地，腳跟提離地面；同時，兩掌在面前合擊，掌心相對，指尖斜向上，目視兩掌。（圖 20）

【動作提要】：身體右移、上步、合掌要連貫。

圖20

圖20（附）

圖21

13. 巧女冠簪

右腳向右橫邁一步，左腳向右腳後插步，兩腿交叉下蹲，右腳全腳著地，左腳腳跟提起，前腳掌著地，臀部坐於左小腿上；同時，兩掌分別收於兩耳側，掌心向前，目視前方。（圖21）

圖21（附）

【動作提要】：右腳橫邁步要大一些，可做成跳叉步。

14. 掤手擺蓮

上體直立微左轉，左腳向左上步成左弓步，左掌從耳側下落至肩高，右掌自右耳側向右下落，經腹前，向左上方頂擊左掌心，掌心向下，目視兩掌。（圖22）

圖22

上動不停，右腳向左側，經面前向外扇面擺踢，兩手在額前依次迎擊腳面。（圖23）

【動作提要】：左腳向左側擺動時，兩掌應向右側擺動，然後回擺。

15. 鴻門射雁

圖23

右腳下落成橫襠步，右手握拳收於腰間，左手握拳向前下方沖出，拳心向下，目視左拳。（圖24）

【動作提要】：橫襠步約同弓步寬，唯兩腳尖向前。

16. 謝步捋發

圖24

上體右轉前傾，左腳腳跟提起，向前跟進半步；同時，左拳變掌向體前下插，掌心向下，右拳變掌貼於腰側。（圖25）

上動不停，重心後移，左腳落回原地，全腳踏實，右腳腳面繃平，腳尖微內扣，腳前掌虛點地面；同時，左手向上、向後、向下、向前掄一立圓，右掌前伸，然後坐腕，兩手成側立掌，

圖24（附）

圖 25

圖 26

左手在右肘下側，右手指尖高與
眼平，目視前方。（圖 26）

【動作提要】：向前採手要
探身跟步，捋發引手要坐身抖
腕。

17. 搓腿劈山

身體立起，右腿支撐，膝微
屈，左腿向後彎曲提起，然後向

圖 27

下，以腳跟搓擦地面，勾腳、挺膝向前上踢擺；同時，兩手
後採。（圖 27）

上動不停，重心前移，左腳下落，腳微內扣；右腳腳跟
提起，上體前傾，目視右後方。（圖 28）

上動不停，右腳抬起，左腳蹬地騰空轉體 180 度，當身
體轉過後，左腳迅速向左前上方蹬踢，腳尖上勾，左手在右
胸側成立掌，右手在右側頭上方成架掌，目視左前方。（圖
29）

圖 28　　　　　　　　　　　圖 29

46

【動作提要】：搓腿也叫肘腿，和劈山是兩上動作，但連貫性強；騰空轉體時，右手要向右先劈掌，再成架掌。

18. 伏身半掃腿

右腳落地後屈膝全蹲，全腳著地，左腿落地後平鋪，腳微內扣，上肢不變。（圖30）

圖 30

上動不停，重心前移，兩手在左腳前側扶地，左腿屈膝全蹲，右腿伸直，腳尖內扣，腳掌擦地向前迅速掃轉半周。（圖31）

【動作提要】：前移要撐身，掃轉要迅速。

圖 31

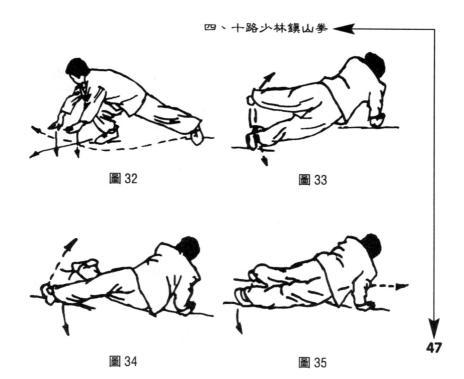

圖 32

圖 33

圖 34

圖 35

19. 飛身護地剪

身體右前移，右腿屈膝，左腿伸直，目視前方。（圖32）

上動不停，兩腳蹬地騰空成剪式前插，左腳腳內側著地，右腳腳外側著地，身體側臥，兩臂微屈，目視後方。（圖33）

上動不停，左腳向後，右腳向前做剪絞動作。（圖34）

上動不停，左腳向前，右腳向後做剪絞動作。（圖35）

【動作提要】：兩腿跳伸要遠，落地要成剪勢，剪絞要連貫。

20. 掃腿撐捶

身體左內轉，成俯臥勢，然後蹬地，左腿屈膝收於胸下，右腿擺於體右側，腿平鋪，腳內扣。（圖36）

圖 36

上動不停，腳掌擦地迅速掃轉450度。（圖37）

上動不停，重心右移，兩腿屈膝半蹲，膝微內扣，腳尖向前，重心在兩腿間成馬步；同時，兩手握拳，左右沖拳，拳眼向上，目視左方。（圖38）

圖 37

【動作提要】：迅速收腿，掃腿時，上體可先向左擺動一下，猛身左擰轉，加大掃轉力度；馬步撐捶，兩拳借右移時，同時撐出。

21. 捶膀晃捶

身體左轉，左腿屈膝，

圖 38

右腿伸直成左弓步，左拳由前
向上、向後掄擺；右拳從後向
下向前掄擺。（圖39）

上動不停，左拳繼續從後
向下、向前掄擺；右拳繼續從
前向上、向後掄擺。（圖
40）

上動不停，左拳收於腰
間，拳心向上；右拳先收於腰
間，然後內旋向前沖拳，拳心
向下，目視前方。（圖41）

【動作提要】：捶膀晃捶
和弓步沖拳是兩個動作，為便
於銜接一起敘述；晃捶要掄兩
個立圓後，再接沖拳。

22. 採摟踢打

左腿直立，右腿抬起由屈
到伸，腳尖勾起，腳跟猛力向
前蹬出；高於腰；同時，右拳
變掌採手握拳收抱於腰間，左
拳向前沖出，高於肩，兩眼目
視前方。（圖42）

【動作提要】：採手時，
掌先微內旋，再外旋依次旋
握。

圖39

圖40

圖41

圖 42　　　　　　圖 43　　　　　　圖 44

23. 翻身肘捶

　　右小腿內收，右拳後擺。
（圖 43）

　　上動不停，右拳前擺，左
手向右腋下插伸。（圖 44）

　　上動不停，左手向下、向
體前、向上掄架；右手向上、
向後掄一立圓；同時，身體在
絞花掄臂之時右後轉體 180
度。（圖 45）

圖 45

　　上動不停，左腿屈膝半
蹲，右腿向前下落踏步，腳微
內扣；同時，右拳從後向前、
向上勾拳，拳心向裡，拳面向
上，左拳變掌下落拍擊右肘
側，目視右拳。（圖 46）

圖 46

圖47　　　　圖48　　　　圖49

【動作提要】：蹬踢後，翻身要借絞花掄臂之力；踏腳和上勾拳同時進行。

24.猿猴獻果

身體直立，左腳向前上一步；同時，兩拳變掌後擺。（圖47）

圖50

上動不停，左腿支撐，右腿向上抬起；同時，兩手從後經體前交叉上架於額上方，左手在裡，右手在外。（圖48）

上動不停，右腳前落踏實，左腳踏換抬起；同時，兩掌分別向下、向後擺動，掌心向下、掌指斜向前。（圖49）

上動不停，左腳向前跨步，屈膝下蹲，全腳掌著地，後腿屈膝成跪步；同時，兩掌變拳，從身後向胸前上托，拳心向裡，拳面向上，目視兩拳。（圖50）

【動作提要】：猿猴獻果是經上步、跳換步架掌，到跨

圖 51　　　　　圖 52　　　　　圖 53

步、跪步、雙勾拳一氣呵成的，
動作一定要連貫；動作熟練後，
跳換步架掌，可做架掌彈踢，再
接跪步雙勾拳。

25. 將軍抱柱

　　身體直立，右腳向前上步踏
實，兩拳變掌後擺，掌心向下，
掌指斜向前。（圖 51）

圖 54

　　上動不停，身體直立，右腿支撐，左腿上抬；同時，兩
掌從後向前，經腹前交叉上架，左手在裡，右手在外。（圖
52）

　　上動不停，左腳下落踏實，右腳跳換抬起；同時，兩掌
分開後擺，掌心向下，掌指斜向前。（圖 53）

　　上動不停，右腳向前跨步，屈膝下蹲成右跪步；同時，
兩掌分別從兩側向體前合抱，兩掌交叉，兩臂撐圓，目視兩
掌。（圖 54）

【動作提要】：跳換步架掌，亦可做成架掌彈踢，再接跪步抱掌。

26. 野馬分鬃

（1）野馬分鬃

身體直立，右腳抬起後退一步，同時，上體微右轉，右掌內旋，向上，經頭上方，向體右下方擺動，目視右掌。（圖55）

圖55

上動不停，左腳抬起後退一步，同時，上體微左轉，左掌內旋，向上，經頭上方，向體左下方擺動，目視左掌。（圖56）

（2）野馬分鬃：動作同（1）。

【動作提要】：野馬分鬃四個單勢動作要一氣呵成，邊退、邊架、邊分手抓擺。

圖56

27. 提膝搖掌

重心後移，右掌向前、向上、向後擺動；左掌向前擺動。（圖57）

上動不停，重心前移，右腿支撐，左腿屈膝前抬；同時，右

圖57

圖58　　　　　　圖59　　　　　　圖60

54

掌經腰間前推，掌心向前，掌指
向上；左掌繼續向上、向後擺
動，掌心向後，掌指向上，目視
右掌。（圖58）

　　【動作提要】：搖掌要掄立
圓，提膝要和右推掌一致。

28. 穿袖單踢

圖61

　　左腳向前上步，同時，右掌
外旋，掌心向上；左掌外旋，從後向前，經右掌心上、向前
穿掌，右掌順左臂下收於左腋下。（圖59）

　　上動不停，右掌內旋下落，經腹前向右、向上擺起，掌
心向前；同時，左掌內旋，向左平擺，掌心向下，高與肩
平，目視前方。（圖60）

　　上動不停，右腳向上擺踢，腳面繃平，同時，右手下落
拍擊腳面，目視右掌。（圖61）

【動作提要】：穿手後不要停頓，接著做單拍腳。

29. 旋風腳

動作同第 9 勢。

30. 馬步撐捶

兩腳依次落地踏實，兩腳相距三腳寬、屈膝半蹲，重心在兩腿中間，膝部不超過腳尖，全腳著地；兩手先分別收於腰間，再接著左右沖拳，拳眼向上，目視右拳。（圖 62）

【動作提要】：要領同第10 勢。

圖 62

31. 一拉臥勢

身體左轉，重心右移，左腳微後收，腳跟提起，前腳掌著地；同時，左拳變掌向下、向右，經小腹前向上擺於右肋側成側立掌，右拳變掌向上擺架於頭上方，目視左側方。（圖63）

【動作提要】：（1）旋風腳落地後，可直接做穿手拉臥

圖 63

55

圖 63（附）

勢，馬步撐捶亦可不做。（2）
臥勢重心在右腿，但左肩要側
傾，腰部盡量後撐。

32.上步栽捶

　　身體直立，左腳向前上步，
左手前伸，掌心向下；右手握拳
收於腰間，目視前方。（圖
64）

圖64

　　上動不停，右腳向前跨步，
上體左轉，同時，左腳屈膝後
抬。（圖65）

　　上動不停，左腳向左插步，
兩腿交叉，屈膝下蹲成歇步，左
手後採成拳，拳心向下；右拳從
腰間向右下方沖拳，拳心向下，
目視右拳。（圖66）

圖65

　【動作提要】：（1）一拉
臥勢後，原是掄背滾身接穿手二
起腳動作，為了不致在地上滾，
一般採用上步栽捶接鳳凰旋窩，
再接二起腳動作。

　　（2）上步栽捶時，左採手
不要隨上步轉體過早收回，要和
右沖拳一致，採手時屈肘收於左
肩外，不放在腰間。

圖66

33.鳳凰旋窩

身體直立，左拳平擺。（圖67）

上動不停，身體左後旋轉一周，兩拳平掄，交叉步轉成左弓步，右拳在前，左拳在後，目視前方。（圖68）

【動作提要】：左拳為帶拳，加速轉體，旋轉催動掄拳。

34.穿手二起腳

右腳向前上步，同時，右拳變掌，外旋成仰掌，左拳變掌，從後向前，經右掌上成仰掌向前穿出，高於眼平；右掌在左掌穿出後，向身後擺動。（圖69）

上動不停，右腿支撐，左腿屈膝前抬，同時，左手內旋，右手從後向前、向上用掌背頂擊左掌心。（圖70）

上動不停，右腿蹬地起跳向前擺踢，腳面繃平，腳高過肩，同時右手拍擊腳面，左手向左平擺，目視右腳。（圖71）

圖67

圖68

圖69

圖70

圖71

【動作提要】：鳳凰旋窩
後，右拳外旋內收後變掌再穿
手。

58

35. 旋風腳

右腳落地內扣，左臂屈肘收
於右胸前，右臂向上，向前掄
擺，上體微左轉。（圖72）

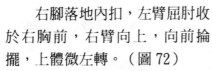

圖72

上動不停，左腳屈膝提起，
右腳蹬地騰空轉體一周，左手攔
擊腳掌。（圖73）

【動作要領】：同前。

36. 馬步撐捶

左腳右腳依次落地踏實，成
馬步撐捶。（圖74）

【動作提要】：同前。

圖73

圖 74

圖 75

37. 掤手擺蓮

重心左移，左腿屈膝，右腿伸直成左弓步，同時，上體微左轉，兩拳變掌，左手內旋，右手由後向前用掌背，經體前至左側方頂擊左掌心。（圖75）

上動不停，左腿自然支撐，右腿從右向左，經面前向外做扇面擺動，兩手在額前依次拍擊腳面。（圖76）

圖 76

【動作提要】：掤手時，上體微左轉，便於起右腿，右腿左起時，上體微右轉，同時雙手右擺；右腳擺踢到右側時，雙手依次向左攔擊。

38. 鴻門射雁

右腳落地，約同弓步，全腳著地，兩腳尖均向前，右腿

屈膝半蹲，左腿挺膝伸直，左掌
變拳，經腰間向前下方沖拳，拳
心向下；右掌變拳收於腰間，拳
心向上，目視前下方。（圖77）

【動作提要】：拍腳後雙手
的位置在左腰側，兩掌同時變
拳；左拳心向下，右拳在向左擺
動時就外旋，轉為拳心向上。

圖77

39. 梅花攪手

身體直立，重心左移，左腿
屈膝半蹲，右腿向左腳前方上
步，腳尖虛點地面；同時，兩拳
變掌，左掌外旋上抬，掌心向
上，右掌從右向上經面前下落於
左小臂上，掌心向下，目視兩
肘。（圖78）

上動不停，右腳向右落回原
處，屈膝半蹲，左腳向右腳前方
擺步，腳尖虛點地面；同時，兩
手臂相攪，右掌掌心向上，左掌
掌心向下，目視兩掌。（圖79）

【動作提要】：兩臂部相攪
一定要貼在一起，不要分開，也
不要在腕部攪手，那樣幅度太
小。

圖78

圖79

40. 虛步挎虎

右掌內旋,經左膝上向前橫掌推出,掌心向下,掌根向前;同時,左掌變勾手,屈腕向身後勾出,勾尖向上,目視右掌。(圖80)

【動作提要】:右掌邊內旋,邊順大腿往腰部前橫推,掌高於膝。

圖80

41. 謝步請示

身體直起,左腳抬起向後退一步,同時,左勾變掌從身後向前成仰掌,經右掌心穿出高於頭,右掌外旋,掌心向上收於左腋下。(圖81)

上動不停,右腳收回成併步,左掌內旋,向左、向下擺至小腹前,掌心向上,右掌向下,經腹前向右、向上擺於頭上方,掌心向下,上體微前傾,目視正前方。(圖82)

【動作提要】:謝步請示是少林拳術中獨特的收勢動作,表示練完拳後謙恭之意。下托其腹(福),上以敬示,躬身以禮,因此,一定要兩胎併攏,上體前傾。

圖81

圖82

圖 83

圖 84

收 勢

上體直立，兩手向上抬起。（圖83）

上動不停，兩掌內旋，屈腕，向下，經兩耳側分別下按於體側，掌心向下，掌指向前，然後外旋，自然貼於體側，目視前方。（圖84）

【動作提要】：一般謝步請示就可把手放下收勢，但還需要有一個完整的收勢動作。

第二路　迎門掌

迎門掌，亦叫大迎門，是十路少林鎮山拳中比較典型的一套，難度雖不算大，但動作結構合理、緊湊，拳、掌分明，演練起來氣勢猛烈，屬少林拳中的母拳。除一路動作外，主要由跟步刺掌、截腕打通天捶、二郎擔鞭、咒捶、抹頂掃地出單鞭、上下旋盤、翻身就地拾金錢、揉式捶、坐盤腿等動作組成，上步栽捶亦可做滾身動作。

學習少林拳，開始一般都先教授二路，再學一路，其次三至十路，這已成傳授少林拳者的傳統教法，有一定道理。

（一）套路歌訣

上步按掌左右分，霸王舉鼎力托天；
兩手托平胸前橫，分手出掌帶踢彈；
上步玉柱庭中站，單臂舉掌腋裡旋；
進步截腕踩中門，跟步通天捶上鑽；
調步斜行單鞭勢，陽門掌擊面額間；
上步刺掌推山勢，跟步推掌緊相連；
躍步單鞭橫格手，梅花攪手上下翻；
虛步亮掌挎虎勢，掤手擺腿防胸前；
十字撐捶蹬山勢，仆步扣捶閃身觀；
展手蹬踢踩子腳，馬步順捶用眼觀；
弓步沖捶蹬山勢，馬步順捶右架拳；
劈山掃腿接仆步，馬步撐捶雙抖拳；
錯手推掌右扣腳，跟步推掌掌連環；

躍步單鞭先進身，反臂護肩側後觀；

湘子挎籃轉身猛，左右連踢腳蹬山；

順勢單鞭一條線，謝步劈掌左手斬；

躍步刺掌先格手，抹頂掃地出單鞭；

羅漢展手呈請示，穿手二起腳踢天；

上步刺掌推山勢，跟步推掌緊相連；

躍步單鞭橫格手，謝步挌發虛步觀；

進步肘腿分左右，架捶胯打腰外旋；

調打撩陰用勾頂，陽門掌擊面額間；

展翅扣捶獨立勢，單踢穿手上懸盤；

展翅扣捶獨立勢，單踢穿手下懸盤；

翻身就地拾金錢，穿手二起腳踢天；

分手縮身雙搡膀，提膝磕捶防下盤；

坐盤撐掌先側踹，翻身臥勢虛步觀；

上步栽捶代搶背，鳳凰旋窩雙搶拳；

穿手二起旋風腳，馬步撐捶力兩邊；

掤手擺蓮護腿進，鴻門射雁奔中盤；

梅花攬手雙換步，虛步挎虎腳前彈；

謝步請示回諸公，二路迎門招法完。

（二）套路圖解

預備勢

文圖同一路預備勢。

1. 上步按掌

文圖同一路第 1 勢。

2. 霸王舉鼎

文圖同一路第 2 勢。

3. 兩手托平

文圖同一路第 3 勢。

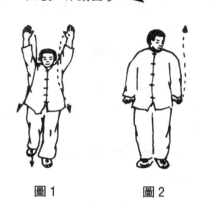

圖 1　　　　圖 2

4. 分手出掌

文圖同一路第 4 勢。

5. 上步玉柱

身體直立，兩掌向下、向身後、
向上舉起，掌心向前，右腳跟提起。
（圖1）

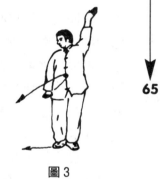

圖 3

65

上動不停，右腳上步成併步，兩
掌塌腕，掌心向下，經兩耳側下按於體側，掌心向下，掌指
向前，目視左掌。（圖2）

【動作提要】：上步玉柱同上步按掌。

6. 單臂舉掌

左掌上提外旋，經腋下直臂上舉，掌心向右，掌指向
上，目視右前下方。（圖3）

【動作提要】：舉掌時，貼身外旋藏腕上提。

7. 進步截腕

　　右腳向右踏步，同時左腿屈膝；右掌先向左回擺，再向右下截腕。（圖4）

　　【動作提要】：踏步時，重心不要右移。

圖4

8. 打通天捶

　　身體右轉，重心前移，右腿屈膝半蹲，左腳上步成丁步，腳跟提起，前腳尖著地、貼於右踝處；同時，左掌從上向下劈掌，掌心向裡，掌指向右，右掌握拳收於右腰間。（圖5）

　　上動不停，左掌收於右胸側成立掌，右拳在左掌收掌時，從左掌裡側向上直臂沖拳，拳心向裡，拳眼向後，目視右拳。（圖6）

　　【動作提要】：上動右截腕後，左掌要接著劈掌，打通天捶，要兩動連貫在一起。

圖5

9. 調步斜行

　　左腳向前上步成左弓步，身體右轉；同時，左掌外旋變拳，右拳

圖6

下落，在胸前與左拳交叉，然後向左右順步撐拳，目視右拳。（圖7）

【動作提要】：左腳上步就轉身；兩拳先合後撐，不要做成擺拳。

圖7

10. 陽門掌

左腳內扣，身體右轉，胯左旋後收，左腿屈膝半蹲，右腿伸直，腳微內扣，前腳掌虛點地面；同時，兩拳變掌，借轉體後坐，右掌屈肘收回，掌心斜向前，左掌直臂前推，掌心向前。（圖8）

【動作提要】：右掌回收時，先向裡合掌，掌心向左，待左推掌時屈肘收回。

圖8

11. 上步刺掌

左腿直立，右腿屈膝上抬。（圖9）

上動不停，右腳向前一步成右弓步；同時，左掌外旋，掌心向上，右掌向前經左掌心上推出，掌心向前，掌指向上，

圖9

高與眼平；左掌屈肘收回，掌心
斜向前，高與肩平，目視前方。
（圖10）

【動作提要】：推掌時，右
掌用掌根在左掌心上搓掌前推。

圖10

12. 活步刺掌

右腳微抬下跺，左腳向前上
步成左弓步，右掌外旋成仰掌，
左掌經右掌心上向前推掌，高與
眼平，右掌內旋收回，目視前
方。（圖11）

【動作提要】：（1）刺掌
同上動。（2）可不做活步。直
接上步。

圖11

13. 躍步單鞭

上體微右轉，重心右移，右
腿屈膝，左腿伸直；同時，左掌
裡合下按，掌心向下，右掌外旋
收於腰間，掌心向前，掌指斜向
下。（圖12）

上動不停，上體左轉、重心
前移，左腿屈膝，右腿伸直，同
時，左掌隨轉體向前、向左、向
身後立掌平擺，右掌內旋從腰間

圖12

向前直臂推掌，掌心向前，高與
眼平，目視右掌。（圖13）

【動作提要】：順勢按掌、
格掌、推掌要連貫，轉身帶掌要
跟上。

14. 梅花攪手

身體右轉，左腿屈膝半蹲，
右腳向左腳前落步，腳內扣，前
腳掌虛點地面；同時，左掌外旋
擺於胸前，右掌向下、向右、向
上、向下掄一立圓，擺於左小臂
上，掌心向下。（圖14）

上動不停，右腳原地右擺，
屈膝半蹲，左腳擺於右腳前，腳
尖內扣，前腳掌虛點地面，同
時，兩手臂相攪，右掌心向上，
左掌心向下，目視右掌。（圖
15）

【動作提要】：左、右兩個
虛步要和蓋掌、攪手配合好，重
心移動要快。

15. 虛步亮掌

下肢不動，左手向前上擺
撐，右手向後下擺撐。（圖16）

圖13

69

圖14

圖15

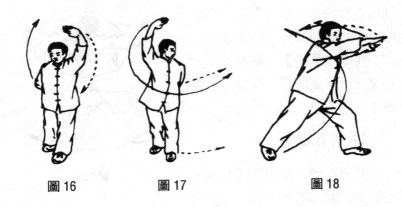

圖16　　　　圖17　　　　　　圖18

　　上動不停，左掌在頭上方左擺至身後變勾手，勾尖向上，右掌從後向上擺於頭上方成橫掌，目視左方。（圖17）

　　【動作提要】：亮掌一定要先撐再亮，這樣動作大而圓。

16. 掤手擺腿

　　重心左移，左腳向左橫跨一步屈膝成左弓步；同時，左勾手變掌向體左側上抬，掌心向下；右掌向右、向下，經腹前向左上用掌背頂擊左掌心。（圖18）

　　上動不停，右腿向左，經面前向右成扇面擺踢，兩手在額前依次拍擊腳面。（圖19）

　　【動作提要】：右腿向左起擺時，上體要微右轉，兩手相疊右擺，當右腳擺到右側時，兩手依次左擺。

17. 十字撐捶

　　右腿擺後先屈膝收腿，然後向下震腳；同時，兩掌變拳裡合，拳心向裡，拳輪相對。（圖20）

圖 19

圖 20

上動不停，右腿屈膝半蹲，左腳後退一步，挺膝伸直；同時，兩拳內旋向左右撐捶，拳眼向上，目視前方。（圖 21）

【動作提要】：擺腿不要直接落地，先提膝合捶，再震腳撐捶。

圖 21

18.仆步扣捶

重心後移，左腿屈膝全蹲，右腿仆步伸直，腳微內扣，同時，兩拳外旋裡合交叉相疊，拳心向上，左拳在上，右拳在下，兩眼目視前上方。（圖 22）

【動作提要】：兩捶順腿盡量前伸，上體微前傾。

圖 22

圖 23　　　　　　　圖 24　　　　　　　圖 25

19. 分捶蹬踢

身體直立，微右轉，左腿支撐，右腿屈膝抬起，同時，兩拳內旋變掌上架分手。（圖 23）

上動不停，右腳外擺下震，全腳掌著地，重心前移，左腳跟抬離地面；同時，兩掌向下抓握成拳，抱於腰間。（圖 24）

圖 26

上動不停，左腳屈膝抬起，向左前方蹬踢，腳尖上勾，腳高於腰，目視左側方。（圖 25）

【動作提要】：震腳時，腳尖要外展，位置離左腳要近。

20. 馬步順捶

左腳距右腳三腳寬下落成馬步，同時，身體右轉，左拳內旋向左直臂沖拳，拳心向下，目視左前方。（圖 26）

【動作提要】：蹬踢後，落步與沖拳要同時。

圖27　　　　　　圖28　　　　　　圖29

21. 弓步沖拳

上體左轉，左腿外展，右腳內扣，挺膝伸直；同時，右拳內旋成俯拳向前沖拳，左拳外旋收抱於腰間。（圖27）

【動作提要】：轉左弓步要快，右沖拳要送肩。

22. 馬步架沖拳

上體右轉，左腳內扣，右腿屈膝半蹲，重心在兩腿中間，同時，右拳隨轉體經面前上架於頭頂右側方；左拳從腰間向左直臂沖拳，拳心向下，目視左前方。（圖28）

【動作提要】：架沖拳亦可不架，直接左沖拳，右拳收於腰間。弓馬轉換三沖拳要做得連貫，亦叫三擊鼓。

23. 跳轉劈山

身體直立，左腿支撐，右腿屈膝提起，左手自然下落，右手向右、向下，經腹前向上掄一立圓。（圖29）

上動不停，左腿蹬地騰空右轉，收腿後接著向前方蹬

踢，左拳擺於右腋下，右拳架於頭上方，目視左前方。（圖30）

【動作提要】：右拳先劈拳再蹬踢，不要只做轉身蹬踢。在初練習時，可以不跳，做成震腳蹬踢亦可。

圖30

24.仆地掃腿

右腳落地屈膝全蹲，左腿落地仆腿伸直，兩拳變掌。（圖31）

重心左移，左腿屈膝全蹲，右腿伸直，腳微內扣，同時，兩手向左腳外側扶地，右腿借擰腰之勢迅速掃轉一周。（圖32）

【動作提要】：掃轉要擰身，掃腿全腳掌要擦地，腳尖要內扣。

圖31

25.馬步撐捶

重心右移，兩腿屈膝半蹲，腳微內扣，重心在兩腿間成馬步；兩掌變拳先收於腰間，再內旋左右沖拳，拳眼向上，目視前方。（圖33）

【動作提要】：右移重心成馬步要與撐捶一致。

26.錯手推掌

身體直立，左腿伸直，全腳掌著

圖32

圖 33

圖 34

地，右腿屈膝提起，腳面繃平，同時，右拳變掌裡合後屈肘收回，左拳變掌屈肘收回後，再向前直臂推出。（圖34）

圖 35

上動不停，右腿向前落步，屈膝成右弓步，左腿挺膝伸直，同時右掌前推，掌心向前，掌指向上，左掌屈肘收回，目視前方。（圖35）

【動作提要】：錯掌和上步推要連貫，上步推掌要領同前。

27. 活步推掌

動作同第 12 勢。（圖36）

圖 36

75

圖 37

圖 38

28. 躍步單鞭

動作同第 13 勢。（圖 37、38）

29. 反臂護肩

下肢不動，左掌向前，經右耳側下拍扣右肩，五指內扣，右掌微內合。（圖 39）

【動作提要】：五指彎曲扣肩，目後斜視。

圖 39

30. 湘子挎籃

右轉體前移，右腳外擺提起下跺，左腳腳跟提起，左手不動，右掌隨轉體向右後、向下劃立圓，向下握拳抄起，拳心向裡，目視右拳。（圖 40）

圖 40

圖 41

圖 42

【動作提要】：不要用肘劃弧，一定要裡抄上挎。

31. 左右連踢

上體微右轉，左腳屈膝提起，向前方蹬出，腳尖上勾，右腿微彎曲，上肢不變。（圖41）

圖 43

上動不停，左腳向前落步，重心前移，上體微左轉，右腳屈膝提起前蹬，上肢不變，目視右前方。（圖42）

【動作提要】：左右蹬踢在一條直線上。

32. 順勢單鞭

右腳向前落步，屈膝，腳微內扣，左腿挺膝伸直，成右弓步，左掌變拳，兩拳先收於兩腰側，在右落弓步的同時，兩拳內旋順步前後沖拳，拳眼向上，目視右前方。（圖43）

【動作提要】：右蹬踢後需回收一下再落弓步。

33.謝步劈掌

上體微左轉，右弓步轉左弓步，右拳變掌，拇指分開，由右前向下、向左掄擺，左手不動。（圖44）

圖 44

上動不停，身體先直立，右轉，右腳提起後，向身後退落一步，屈膝全蹲，左腿仆地伸直成仆步，同時，右手向上、向右、向下握拳收於腰間，左拳變掌由腰間上舉後，向下、向前直臂順步劈掌，掌根向下，目視左掌。（圖45）

圖 45

【動作提要】：右手做閃身掄採，左手直臂下劈，上體微側傾，掌盡量往前劈。

34.躍步單鞭

身體直立，右腳提起向左腳前擺步下踏，重心微前移，左腿微彎曲，腳跟提起，左掌裡合擺至右胸側成立掌，掌心向右，掌指向上，右拳變掌，掌心向前，

圖 46

掌指向下。（圖46）

上動不停，左腳抬起向前落步屈膝成左弓步，右腿挺膝伸直；同時，上體微左轉，左手立掌向前、向左、向身後直臂格擺；右掌內旋成立掌，向前直臂推出，目視前方。（圖47）

【動作提要】：仆步借起身、重心前移時向前踏步，不要直立後再上步。

圖47

35.抹頂掃地出單鞭

下肢不動，左掌屈肘收回，外旋成仰掌，向前經右掌心上直臂穿掌，高與頭平；同時，右掌外旋，在左掌穿過掌心後，順左臂收於左腋下，目視左掌。（圖48）

圖48

上動不停，上體右轉，左腳內扣，重心右移，兩腿屈膝半蹲成馬步；同時，左掌內旋、屈肘，向右至頭右側，沿頭部向腦後平持，右手不動。（圖49）

上動不停，左手繼續沿後腦，經左耳根下持至胸前，成兩手交叉，左手在裡，右手在外，

圖49

圖 50　　　　　　　　　　　圖 50（附）

兩掌心均向裡。（圖 50）

　　上動不停，身體右轉，左
腳內扣伸直，右腿微外展，同
時，隨轉體兩手向下後，接著
右手前撩，虎口向前，掌指斜
向下，左手後撩，小拇指外側
向上，掌指斜向後，目視右
掌。（圖 51）

圖 51

　　【動作提要】：此動作由
穿掌、持頂、掃地、單鞭（或撩掌）四個分解動作組成，演
練時一定要銜接好，撩掌亦可高起成單鞭勢。

36. 羅漢展手

　　身體直立，左腳向前上步，與右腳併步；同時，左掌屈
肘內旋，向胸前，經右掌心上直臂穿出，高與肩平；右掌裡
合外旋，掌心向上，在左掌經掌心穿出時，順左臂劃至左腋
下。（圖 52）

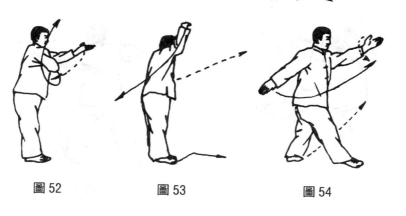

圖 52　　　　　圖 53　　　　　圖 54

上動不停，左掌內旋，向左、向
下、向右擺至小腹前，掌心向上，掌
指向右；同時，右掌向下、向右、向
上擺至頭上方，掌心向下，掌指向
左，上體微前傾，目視前方。（圖
53）

【動作提要】：穿手後，兩手擺
臂幅度要大。

圖 55

37.穿手二起腳

右腳抬起向前上一步，重心前移，同時，左手前穿，掌
心向右，掌指向前，右掌向下、向身後擺動，掌心向左，掌
指斜向後。（圖 54）

上動不停，右腿直立，左腿屈膝抬起，同時，左掌內
旋，掌心向下，右掌從後向前，向上用掌背頂擊左掌心。
（圖 55）

上動不停，右腿蹬地起跳，向前擺踢，腳面繃平，同

圖 56

圖 57

時，右手拍擊腳面。（圖 56）

【動作提要】：左腳落地
後，右腳不忙於落地，要先屈膝
回收，以便接下一動作。

82

38. 上步刺掌

左腳落地踏實，挺膝伸直，
右腳向前落步，屈膝成右弓步；
同時，左掌屈肘收回，掌心斜向

圖 58

前，掌指斜向上，右掌在拍擊右腳後，先屈肘回收，再直臂
向前推掌，掌根斜向前，掌指向上，目視前方。（圖 57）

【動作提要】：同前。

39. 踏步推掌

右腳微抬下踏，左腳向前上一步，屈膝成左弓步，同
時，左掌向前直臂推掌，掌根斜向前，掌指向上，右掌屈肘
收回，目視前方。（圖 58）

圖 59

圖 60

【動作提要】：同前。

40. 腰步單鞭

上體微右轉，重心右移，右腿屈膝，左腿伸直，同時，左掌向裡合下按，掌心向下。（圖59）

圖 61

上動不停，重心前移，左腿屈膝，右腿挺膝伸直，同時，左掌隨轉體向前、向左、向身後立掌直擺，右掌向前直臂推出，掌根向前，高與眼平，目視右掌。（圖60）

【動作提要】：此單鞭不躍步，其他同躍步單鞭。

41. 謝步捋發

重心前移，右腳跟提起，前腳掌微前跟步，左手不動，右掌拇指撐開，向前、向下探伸。（圖61）

上動不停，重心後移，右腳後落原地，屈膝半蹲，腳微

外擺，左腿微後移，腳前掌著地，微內扣；同時，左掌由後前挑，右掌向上、向後、向下，經右腿側再向前劃一立圓，擺至左肘下側，目視前方。（圖62）

【動作提要】：當右掌擺至左肘側時，應借後坐虛步之勢坐腕。

圖62

42. 進步肘腿

身體直立，左腿伸直，踏實，右腳提起後擺；同時，雙手左前伸。（圖63）

上動不停，右腳尖勾起，腳跟擦地，向左前斜上方挺膝勾踢，同時，兩手向體右側下採。（圖64）

上動不停，右腳外擺下落，上體微右轉，左腳提起後擺，同時，兩手向右前伸。（圖65）

上動不停，左腳尖勾起，腳跟擦地，向右前斜上方挺膝勾踢，同時，兩手向體左側下採，目視兩手。（圖66）

【動作提要】：左右肘、腿要連貫，向前勾踢和向後採手動

圖63

圖64

圖 65

圖 66

作要協調。

43.架捶胯打

左腳內扣，屈膝下落，體微右轉，左腿挺膝伸直；同時，胯在左落步轉體的同時向左平出，左掌變拳上架，右掌立掌右推，掌心向左，掌指向上，兩臂撐圓，目視左側方。（圖 67）

圖 67

【動作提要】：在左落步的同時，臀部猛力左打，力點在左胯。

44.調步撩陰掌

身體直立，右轉 180 度，右腳提起。（圖 68）

上動不停，右腳下跺，左腳

圖 68

跟提起，同時，左拳變掌裡合，
與右掌胸前交叉。（圖 69）

上動不停，左腳抬起，向左
距右腳三腳寬下落，兩腿屈膝半
蹲成馬步，同時，左掌胸前成側
立掌，右掌屈腕用掌背由胸前向
右擊出，掌背向前，目視右手。
（圖 70）

【動作提要】：調步撩陰是
一個轉換步動作，落馬步要和撩
陰掌一致；掌亦可變勾手，屈腕
時五指撮攏即可。

圖 69

45. 採手陽門掌

身體右轉，重心後移，左腳
內扣，左腿彎曲，右腿挺膝伸直
成正虛步；同時，左掌隨右轉體
直臂前推，右臂上抬，右手以腕
為軸，由裡向外旋一立圓後屈肘
收回，目視前方。（圖 71）

【動作提要】：採手旋腕後
帶，不用抓握。

圖 70

46. 展翅扣捶

左手向下、向右、向上抄至
胸前，同時右掌內旋，向右、向

圖 71

86

圖72

圖73

圖74

下、向左、向上在胸前與左掌交叉。（圖72）

　　上動不停，兩手交叉上架。（圖73）

　　上動不停，兩手分別向左右兩側分手下抓，握拳至右腰側，拳面相對，拳心向上，目視兩拳。（圖74）

　　【動作提要】：兩手抄架、抓握成對拳，分手幅度要大。

圖75

87

47. 單踢上旋盤

　　左腿直立支撐，右腿提起向右側挺膝、勾腳蹬踢，目視右側方。（圖75）

　　上動不停，上體微左轉，右腳下落，右腿直立支撐，左腿屈膝提起，同時，左拳屈肘左前擺，拳面向上，拳心向裡，肘部落於左膝上，右拳向右、向上擺於頭上方，拳面斜

向左，拳眼斜對左拳輪，目視左拳。
（圖76）

【動作提要】：重心右移後，提膝
和擺拳要一致。

48.展翅扣捶

上體微左轉，兩拳變掌，分別由上
向下、向裡抄掄於左胯側。（圖77）

圖76

上動不停，兩掌由下經胸前上架於
頭左側後，繼續左右兩側分手下抓，握
拳至左腰側，拳面相對，拳心向上。
（圖77）

【動作提要】：兩動用了一個圖，
位置一樣，要領不一樣。展翅時應先左
轉身，再抄掌，位置在體左側抄立圓，
其他同前右勢。

圖77

49.單踢下旋盤

左腳向左側挺膝蹬踢，腳尖上勾，
腳跟向前，右腿微屈。（圖78）

上動不停，左腳下落，屈膝半蹲，
右腳提起、扣於左腿膝彎處；同時左拳
變勾手，向左直臂上擺，高與肩平，勾
尖向下，右拳變勾手由左腹前向右、向
上、直臂擺於頭右上方，勾頂向上，勾
尖向前下，目視前方。（圖79）

圖78

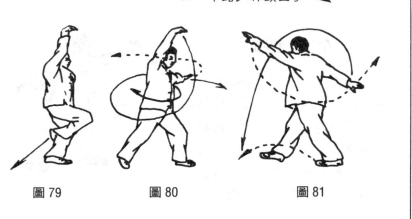

圖 79　　　　　圖 80　　　　　圖 81

【動作提要】：上肢動作
亦可穿手擺成。

50.翻身至地

右腿向身後退步。（圖
80）

上動不停，以兩腳跟為
軸，身體向右後轉體，右勾手
變掌，借轉體向下、向身後掄

圖 82

89

擺，左勾手變掌，由後向上、向前掄擺。（圖 81）

上動不停，左腳抬起向前上一步，挺膝伸直，右腿屈膝
半蹲；左手繼續向下、向後、向上掄擺，並隨上擺由掌變勾
手，勾尖向上；右手繼續向上、向前、向下掄擺，以掌拍擊
左腳面，目視右掌。（圖 82）

【動作提要】：翻身掄臂下拍腳，亦可做成五指撮攏點
地；亦可做成拍地向外擺掌。名稱曰「翻身就地拾金錢」。

51. 穿手二起腳

身體直立，右腳向前上一步，同時，左勾手變掌，由後向前成立掌直臂前穿，右掌後擺。（圖83）

圖83

上動不停，左腿屈膝提起，同時，左掌內旋，掌心向下，右掌從身後向前、向上用掌背頂擊左掌心。（圖84）

上動不停，右腿蹬地向上擺踢，同時，右掌拍擊右腳面。（圖85）

【動作提要】：同前。

圖84

52. 分手撩勢捶

左腳落地，腳尖微外展，右腿在左腳前落地成右弓步，兩掌交叉上架於右前側，左掌在裡，右掌在外。（圖86）

上動不停，重心後移，左腿屈膝半蹲，右腳蹬地收至左腳側，屈膝半蹲，腳跟提起，前腳掌著地，靠於左踝處成丁步；同時，兩掌分別向兩側分抓，握拳抱於兩腰側。（圖87）

圖85

圖 86

圖 87

上動不停，左腿挺膝伸直，右腳向前上步，屈膝成右弓步，上體向右側傾；同時，兩拳內旋，順勢向右斜上方雙沖拳，拳面斜向上，拳心向外，目視兩拳。（圖 88）

【動作提要】：抄架分抓和縮身要一致，雙揉捶和上步要一致。

圖 88

53. 提膝磕捶

身體直立，右腿伸直，左腿屈膝前抬，同時，兩拳外旋，由上向下，經體側向後磕擊，拳背向後，拳心向前，目視左下側。（圖 89）

圖 89

【動作提要】：磕拳時，上體要微左探身，左拳護於左腿。

54. 坐盤撐掌

上體微右傾，左腿挺膝向左蹬踢，腳尖上勾，腳跟向前；同時，兩拳收於腰間。（圖90）

圖90

上動不停，左腳下落，腳尖微外展，屈膝下蹲，右腳提起，經左腿後向左橫插，屈膝全蹲，腳跟提起，前腳掌著地，臀部坐於右小腿上；同時，兩拳變掌，從腰側向外、向上、向裡交叉合抱於胸前。（圖91）

上動不停，兩掌分別收於兩肩處，內旋、轉掌向外同時撐掌，掌心向外，掌指向上，目視右掌。（圖92）

圖91

【動作提要】：坐盤撐掌是單踢、坐盤兩動組成，單踢後可直接落步，歇步和抱掌要一致。

55. 翻身臥勢

身體直立，以左腳腳跟和右腳腳前掌為軸，右轉180度成弓步；同時，右手向下，經右腿側

圖92

圖93

圖94

向右、向上擺掌，左手由後向上、向前、向下擺撐。（圖
93）

上動不停，重心右移，左腿微收，前腳掌虛點地面，同
時，右掌繼續上擺，掌心向外，掌指向左，左掌繼續向下，
向右擺至右腋下成側立掌，掌心向右，掌指向上，目視左前
方。（圖94）

【動作提要】：翻身臥勢可由歇步直接轉成左虛步，兩
掌直接掄擺成臥勢，上體微前探身；腰部微右撐。

56. 上步栽捶

文圖同一路第32勢。

57. 鳳凰旋窩

文圖同一路第33勢。

58. 穿手二起腳

文圖同一路第34勢。

59. 旋風腳

文圖同一路第 35 勢。

60. 掤手擺蓮

文圖同一路第 37 勢。

61. 鴻門射雁

文圖同一路第 38 勢。

62. 梅花攬手

文圖同一路第 39 勢。

63. 虛步挎虎

文圖同一路第 40 勢。

64. 謝步請示

文圖同一路第 41 勢。

收 勢

文圖同一路收勢。

第三路　趙連手

趙連手，亦叫螳螂手，是十路拳中較長的一路，主要由勾摟手、鴛鴦腳、踹襠栽捶、童子送書、湘子挎籃、搖膀晃捶、巧打疊膝、夜叉深海、調步推掌、左右晃掌、勾掛連環腿、大虎抱頭、搓腳、前掃腿、後掃腿、鎖籃、搓步走等動作組成。

本書中對調步推掌、左右晃掌只做成上踏步推掌，在動作熟練後，第一次推掌、晃掌可做成上踏步單踢推掌，第二次調步推掌、晃掌，可做成跳踢晃推掌。第三路動作多、路子長，演練時注意體力分配，但不可失勁力和緊湊。

（一）套路歌訣

上步按掌左右分，霸王舉鼎力托天；
兩手托平胸前橫，分手出掌帶踢彈；
上步玉柱庭中站，梅花攬手招法先；
反手勾摟蹬山勢，上步騎馬護雙肩；
馬步撐捶兩邊打，搖膀晃捶掄立圓；
弓步沖拳十字捶，左右採擄踢打拳；
鴛鴦腳踢接回踹，揣襠栽捶防下盤；
童子送書反擇手，調捶斜行先挎籃；
劈山掃腿防八方，馬步撐捶推山拳；
搖膀晃捶雙掄臂，先採後打十字拳；
採擄踢打奔撩陰，鴛鴦腳踢左右連；
七星抱斗雙拱手，展翅扣捶接踢彈；

馬步沖拳順手勢，弓步蹬山右單拳；
馬步沖拳順手打，挑打疊膝奔下盤；
調步推掌雙抖手，左右晃掌力無邊；
轉身護肩雙壓手，反身掄劈打石單；
轉身擺蓮接探海，金雞抖翎獨腳懸；
展翅單踢先架掌，弓馬轉換沖連拳；
採摟踢打奔撩陰，撤步後掃緊相連；
馬步撐捶擔山勢，劈山掃腿勢法全；
馬步撐掌雙抖手，調步推掌力無邊；
左右晃掌帶跳踢，大虎抱頭勢蹬山；
展翅扣捶上架掌，勾掛截踢腿連環；
蹬山架打虎抱頭，勾掛截踢腿連環；
蹬山架打虎抱頭，跳踢掃腿力劈山；
馬步撐捶擔山勢，捷打搓腳二勢連；
坐盤撐掌雙抖手，鷂子鑽天空中旋；
金雞獨立庭中站，單臂推掌腳蹬山；
謝步劈掌先掄採，躍步攔手勢單鞭；
抹頂撩掌要掃地，採手接打蹬山拳；
採摟踢打擊撩陰，前後掃腿三連環；
巧打八開進步掌，抹伐掃地出單鞭；
進步鎖籃跨虎勢，搓步連進奔敵前；
伏身後掃下勢閃，魁星獻斗招法完；
諸公若問拳名姓，少林三路是趙連。

圖1　　　　　圖2　　　　　圖3

（二）套路圖解

預備勢

文圖同一路預備勢。

1.上步按掌

文圖同一路第1勢。

圖4　　　　　圖5

（圖1、2、3）

2.梅花攪手

　　左掌外旋，由下經腹前向右上托擺，掌心向上，同時，右掌外旋，向右、向上、向左上擺扣，掌心向下。（圖4）

　　上動不停，兩臂相攪，左掌在上，掌心向下，右掌在下，掌心向上。（圖5）

　　【動作提要】：三路亦可做成「上步玉柱」接梅花手；攪手時，應從腕部向上到小臂中部再翻手。

3.反手勾摟

右脚抬起下跺，兩腿同時屈肘下蹲。（圖6）

上動不停，左脚提起後落一步，挺膝伸直，右腿屈膝成右弓步；同時，兩掌向下，經大腿側向後擺動變勾手，兩手同肩寬，勾尖向上，目視前方。（圖7）

圖6　　　　　圖7

98

【動作提要】：亦可做上步勾摟；退步勾摟和雙勾手要一致。

圖8

4.上步護肩

左脚上步，屈膝成馬步，重心在兩腿間，同時，勾手變掌，左掌由後向前、向右按於右肩上，右掌由後向前、向左按於左肩上，兩臂交叉，左裡右外，臂同肩高，目視左側方。（圖8）

【動作提要】：上步護肩亦可做到：左脚先向前彈踢，再落馬步；雙手從勾手變掌，向上、向下護肩要同時。

5.馬步撐捶

兩掌收於兩腰側，由掌變拳後，左右同時撐拳，拳眼向

圖9

圖10

上，目視左拳。（圖9）

【動作提要】：同前。

6.搖膀晃捶

上體左轉，左腳外擺，右
腳內扣，右腿挺膝伸直；同
時，左拳由前向上、向後、向
下掄擺，右拳由後向下、向
前、向上掄擺。（圖10）

圖11

上動不停，左手繼續由後向前掄擺，右手繼續由前向
上、向後掄擺。（圖11）

【動作提要】：搖膀晃捶兩周；兩臂擺捶時要腰隨捶
走，兩捶向前的路線在正前方，不能只搖膀不擰身送肩，中
間頭部前的位置空著。

7.弓步沖拳

左拳外旋收於腰間，右拳向前，經腰側，內旋成俯拳向

圖 12　　　　　　　　　　　圖 13

前沖拳，目視前方。（圖 12）

【動作提要】：晃捶兩周後，右拳經腰間向前沖拳，不要做成晃沖拳。

100

8. 左右採攄

身體直立，左腿伸直，右腿向前提起，挺膝蹬踢；同時，左拳內旋，向前直臂沖拳，右拳外旋，收抱於腰間。（圖 13）

上動不停，右腳向前落步，挺膝伸直，重心前移，左腿提起，向前蹬踢；同時，右拳內旋，直臂沖拳，左拳外旋收於腰間，目視前方。（圖 14）

【動作提要】：左右採攄踢打，在回拳時應旋腕採抓，握拳收抱於腰間。

圖 14

圖 15

圖 16

9. 鴛鴦腳踢

身體左轉，右腳內扣，左腳借轉體屈膝收回後，接著向左挺膝側踹，腳外側斜向上；同時，右拳收於腰間，上體微右傾，目視左方。（圖 15）

【動作提要】：此動應和上動連結好，左腳前踢後，回身側蹬應是連貫動作。

10. 揣襠栽捶

左腳向左落步，重心左移，右腿屈膝提起，左拳變掌下按，右掌變拳上提。（圖 16）

上動不停，右腳距左腳三腳寬下踏，兩腿屈膝成馬步；同時，左手經胸前上架於頭上方，掌心向外，掌指向右，右掌經右耳側橫掌下按，掌心向下，掌指向左。（圖 17）

圖 17

圖18

圖18附

上動不停，右掌外旋，掌心轉
向上，左掌變拳，由上向下栽捶，
拳面下擊掌心，目視兩手。（圖
18）

【動作提要】：揣襠栽捶亦叫
天鵝下蛋，揣襠和栽捶是兩動，都
要做的分明；落馬步時，右腳也可
向左跨步，左腳再抬起左踏成馬
步，但要和揣襠一致。

圖19

11. 童子送書

左拳變掌；兩掌同時屈肘拍擊
胸部。（圖19）

上動不停，兩掌內旋變掌，同
時直臂前沖，與肩同寬，高與肩
平，目視前方。（圖20）

【動作提要】：兩掌拍擊胸部

圖19附

圖 20

圖 20 附

103

時，應向下拍擊和內旋掌一致，是一個擇手動作。

12. 湘子挎籃

上體右轉，左腳內扣，挺膝蹬直，右腿外展；同時，右拳隨轉體向右、向下、向上抄挎，左拳平擺於右肘下，目視右拳。（圖 21）

【動作提要】：右拳向右應纏繞上挎，拳面向上，拳心向裡。

圖 21

13. 順步斜行

重心左移，左腿屈膝，右腿挺膝蹬直，左拳向下，經腹前向左直臂擺伸，右拳屈臂向裡，經胸前向下、向右擺伸，兩拳心均向下，目視右側方。（圖 22）

圖 22

【動作提要】：擺拳要與移重心一致，兩拳左高右低。

14.跳轉劈山

上體微左轉，左腿伸直支撐，右腿屈膝抬起，左拳不動，右拳向下、向左上擺於左肩處，目視右側方。（圖23）

圖23

上動不停，上體右轉，左腳蹬地騰空挺膝翻身向前蹬踢；同時，右拳繼續向上、向右、向下、向上擺架於頭右上方，左拳向上、向右、向下，擺至體前，目視前方。（圖24）

【動作提要】：同前。

15.仆地前掃

右腳下落，屈膝全蹲，左腳下落內扣，左腿仆地伸直，兩拳變掌，目視左下方。（圖25）

上動不停，重心前移，左腿屈膝全蹲，右腿挺膝伸直；同時，兩掌向左腳前扶地。

圖24

圖25

圖 26

圖 27

（圖 26）

上動不停，以左腳為軸，迅
速掃轉一周。（圖 27）

【動作提要】：同前。

16. 馬步撐捶

重心右移，兩腿屈膝半蹲成
馬步，同時，兩掌變拳收抱於腰
間，然後內旋左右沖拳，拳眼向
上，目視左前方。（圖 28）

【動作提要】：同前。

圖 28

17. 搖膀晃捶

文圖同第 6 勢。

18. 弓步沖拳

文圖同第 7 勢。（圖 29）

圖 29

105

19. 採擄踢打

重心前移，左腿挺膝伸直，右腿提起，勾腳挺膝向前蹬踢；同時，左拳內旋向前直臂沖拳，右拳變掌，以腕為軸，旋抓握拳收於腰間，目視前方。（圖30）

圖30

【動作提要】：動作同第8勢右採擄。

20. 鴛鴦腳踢

身體右轉，左腳內扣，右腿屈膝收回，接著向右側蹬踹；同時，左拳收於腰間，目視右側方。（圖31）

圖31

【動作提要】：動作同第9勢，唯左右變換。

21. 七星抱斗

右腳向右落步，挺膝，重心右移，左腿屈膝前抬；同時，兩拳內旋上擺於頭兩側。（圖32）

上動不停，兩拳同時以拳背向下，經體側向後磕拳。

圖32

圖 33　　　　圖 34　　　　圖 35

（圖 33）

上動不停，左腳下落，挺膝成併步，同時，兩拳分別擺於面前方，高與眼平，拳背相對，拳心向外，上體微前傾，目視兩拳。（圖 34）

【動作提要】：磕拳要提膝護腿，落步與對拳一致。

圖 36

22.展翅扣捶

右腳提起下跺，兩腿屈膝半蹲，同時，兩拳變掌，分別向兩側抓握成拳，貼於腰兩側，拳心向上，目視左方。（圖35）

【動作提要】：扣捶和震腳要一致。

23.單踢順手捶

右腿蹬直，左腳提起、向左側挺膝蹬踢。（圖36）

上動不停，左腳距右腳三腳寬落步，屈膝半蹲成馬步；同時，左拳內旋向左直臂沖拳，拳心向下。（圖37）

【動作提要】：落步跺腳，與順手捶一致。

24. 蹬山十字捶

上體左轉，右腳內扣，右腿挺膝蹬直，左腳外展，屈膝成左弓步；右拳內旋直臂前沖，拳心向下，左拳外旋收於腰間，拳心向上。（圖38）

【動作提要】：馬步轉弓步，要擰腰送肩。

25. 騎馬順手捶

身體右轉，兩腿屈膝還原成馬步，同時，左拳自腰間內旋，隨轉體直臂左沖拳，拳心向下，右拳外旋收於腰間，拳心向上。（圖39）

【動作提要】：弓步轉馬步，轉體與沖拳一致。

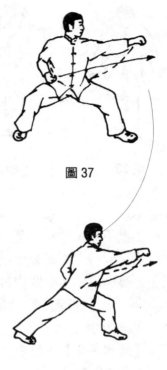

圖 37

圖 38

圖 39

圖 40　　　　　圖 41　　　　　圖 42

26. 挑打疊膝

　　身體直立，左轉，重心前移，左腿支撐，右腿屈膝前抬；同時，右手隨轉體上挑，臂微屈，左拳後擺。（圖 40）

　　上動不停，右腳向前上步，腳外展，左腿屈膝後抬；同時，左拳從後向前、向上架挑，右拳從額前經頭上向後擺動。（圖 41）

圖 43

　　上動不停，左腳向前上步，屈膝，右腿伸直，右拳收於腰間，拳心向上。（圖 42）

　　上動不停，右腳向左腳裡側併步，兩腿屈膝半蹲；同時，右拳內旋，直臂向前下方沖拳，拳高於膝，體微左轉，目視右拳。（圖 43）

　　【動作提要】：挑打疊膝是一個邊搖身架挑，邊上步進身的組合動作，上步和挑打要配合好，定型是左架側轉身右

下沖拳。

27. 調步推掌

身體直立右轉，左腳內扣，左腿挺膝伸直，右腳向前上步，屈膝半蹲成右弓步；同時，兩拳變掌，先收於胸前，隨轉體上步，直臂向前推掌，掌心向前，掌指向上，目視前方。（圖44）

【動作提要】：推掌要擰腰送肩，肩催肘、肘催手，兩掌指同眼高，兩掌距離稍窄於肩。

圖44

110

28. 踏步晃掌

身體左轉，重心左移，右腳抬起向左前上步，踏實，膝微屈；左腳腳跟提起，膝微屈；同時，兩掌從右隨轉體向下、向左、向上、向後擺一立圓。（圖45）

上動不停，右腳挺膝伸直，左腳後抬；同時，兩掌繼續下擺，右掌收於腰側，掌心向左，掌指向下，左掌擺於右腹側，掌心向裡，掌指斜向右。（圖46）

上動不停，左腳向前上步，

圖45

圖46

屈膝半蹲成左弓步，右腿挺膝伸直；同時，上體微左轉，兩掌向前直臂推出，掌心向前，掌指向上，目視前方。（圖47）

【動作提要】：左晃掌，轉身、挑擺掌要和右上步一致，右腳上步腳應外展，推掌和左上步要一致。

圖47

29. 踏步晃掌

身體右轉，重心右移，左腳提起向右前上步，踏實，膝微屈，右腳腳跟提起，膝微屈；同時，兩掌從左隨轉體向下、向右、向上、向後擺一立圓。（圖48）

圖48

上動不停，左腿挺膝伸直，右腳後抬；同時，兩掌繼續下擺，左掌收於腰側，掌心向右，掌指向下，右掌擺於左腹前，掌心向下，掌指斜向左方。（圖49）

上動不停，右腳向前上步，屈膝半蹲成右弓步，左腿挺膝伸直；同時，體微右轉，兩掌向前直臂推掌，掌心向前，掌指向

圖49

上，目視前方。（圖50）

【動作提要】：與右晃動作要領一致，唯方向相反。

30. 轉身護肩

上體左轉，重心前移，右腳內扣，右腿挺膝伸直，左腳外展，左腿屈膝成左弓步；同時，兩掌向下，經體側向後、向上，在頭前交叉下按，左掌在裡，護於右肩，右掌在外，護於左肩，目視前方。（圖51）

【動作提要】：右弓步轉左弓步，兩手應先分後按，兩肘抬起與肩平。

31. 反打勢單

上體右後轉，重心前移，左腳內扣，左腿挺膝伸直，右腳外展，右腿屈膝半蹲成右弓步；同時，右手隨轉體，向上、向右前擺掌，左掌向下、向左後擺掌。（圖52）

上動不停，重心前移，右腿挺膝伸直，左腳腳跟提起，前腳掌著地；同時，右掌繼續向下、

圖 50

圖 51

圖 52

圖 53　　　　　圖 54　　　　　圖 55

向後、向上，擺一立圓，掌心向前，
掌指向上，左掌繼續向上、向前、向
下擺於右腋下，掌心向下，掌指向
右。（圖 53）

　　上動不停，右腳踏實，左腳向
前、向上擺踢，腳面繃平；同時，右
掌拍擊腳面，目視腳面。（圖 54）

　　【動作提要】：翻身掄臂拍腳，
應借轉身開始掄臂；注意踢腿前移重
心。

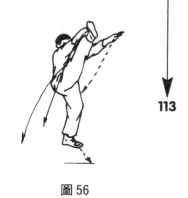

圖 56

32. 轉身擺蓮

　　左腳屈膝內扣，左手收於腰側半握拳，右手屈肘下落半
握拳，同時，上體微右轉。（圖 55）

　　上動不停，右腳蹬地起跳，腿伸直，騰空外擺，轉體
270 度，兩手依次拍擊腳面。（圖 56）

　　【動作提要】：此動是原地擺蓮，轉體時應借左扣腿、

擰身和右轉體才能完成。

33. 夜叉探海

左腳落地，右腳向左落步，右
腿屈膝全蹲，左腿仆地伸直；同
時，右掌變勾手向前下撩擊，勾頂
向前，勾尖向裡，左掌後擺成勾
手，勾尖向上，目視前下方。（圖
57）

圖 57

【動作提要】：左腳落地時，
兩掌應收抱於左腹側，待右腳落地
時，再前後分手；仆步時注意右胯
內收，上體微前探。

34. 金雞獨立

身體微起成右弓步，右勾手變
掌，外旋向上屈肘左擺，同時，左
勾手變掌，由後向前成仰掌，在右
臂裡直臂向前穿掌。（圖58）

上動不停，重心右移，右腿挺
膝伸直，左腿屈膝前抬，腳微內
扣，同時左掌內旋，向左、向下擺
於身後，由掌變勾手，勾尖向上，
右掌向下、向右、向上擺架於頭上
方，掌心向前，掌指向左，目視左
側方。（圖59）

圖 58

圖 59

圖 60 　　　　　 圖 61 　　　　　　 圖 62

【動作提要】：穿手提膝亮掌，應注意左膝內扣，左腳繃平內扣。

35.展翅扣捶

上體微左轉，左勾手變掌擺於腹前，右掌向右、向下、向左擺於腹前，與左掌交叉，同時，經胸前上架。（圖60）

上動不停，兩掌分別向左右、向下、向左腰側抓握成拳，拳面相對，拳心向上。（圖61）

上動不停，上體微右傾，左腳向左挺膝蹬踢，目視左側方。（圖62）

【動作提要】：同前。

36.騎馬順手捶

左腳向左，距右腳三腳寬下落成馬步，同時，左拳內旋，向左直臂沖拳，拳心向下，右拳收於右腰側，拳心向上，目視左側方。（圖63）

【動作提要】：同前。

圖 63   圖 64

37. 蹬山十字捶

上體左轉，右腳內扣，右腿挺膝
伸直，左腳外展屈膝成左弓步；同
時，右拳內旋直臂向前沖拳，拳心向
下，左拳外旋收於腰側。（圖 64）

【動作提要】：同前。

圖 65

38. 採擄踢打

重心前移，左腿挺膝伸直，右腳向前挺膝蹬出；同時，
右拳變掌，以腕為軸，從裡向外旋腕抓握成拳，收於右腰
側，左拳內旋向前直臂沖拳，拳心向下，目視前方。（圖
65）

39. 撤步後掃

上體左轉，重心右移，右腳向右側落步，屈膝全蹲，左
腿仆地伸直，腳內扣，全腳掌著地；同時，兩拳變掌，身前

圖 66

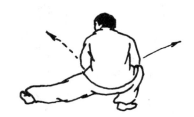

圖 67

扶地。（圖 66）

　　上動不停，左腳向後擦地旋轉一周。（圖 67）

　　【動作提要】：右腳落地要內扣、擰身，加大旋轉速度；有個別練者把後面的三個半掃腿和此動相換練習。

圖 68

40.騎馬撐捶

　　上體微起，重心左移成馬步，兩掌變拳收於腰間後，向左右撐拳，拳眼向前，目視右側方。（圖 68）

　　【動作提要】：同前。

41.跳轉劈山

　　身體直立，重心左移，左腿伸直，右腿屈膝提起；同時，右拳向下、向左屈肘擺於左胸前，左拳不動。（圖 69）

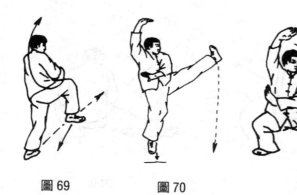

圖69　　　　圖70 　　　　圖71

上動不停，左腳蹬地起
跳，隨右翻身、挺膝向左側
方騰空蹬踢；同時，兩拳變
掌，右掌向上、向右、向
後、向上擺架於頭上方，左
掌向上、向右、向下擺於右
腋下成立掌，目視左側方。
（圖70）

【動作提要】：同前。

42.伏身前掃

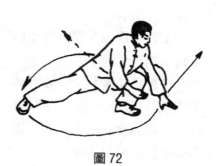

圖72

右腳落地，右腿屈膝全蹲，左腳落地，左腿挺膝伸直，
腳內扣。（圖71）

上動不停，重心左移，左腿屈膝全蹲，右腿伸直；同
時，兩手左前扶地，左腳為軸，右腳向前迅速掃轉一周。
（圖72）

【動作提要】：同前。

圖73

圖74

圖75

43. 馬步撐掌

重心右移成馬步，兩掌先收於腰間，然後同時左右撐掌，掌指向上。（圖73）

44. 調步推掌

身體直立，右轉，左腳抬起後隨轉體向右上步，屈膝半蹲成右弓步，左腿挺膝伸直；同時，兩掌先收於胸前，然後向右前方直臂推掌，掌心向前，掌指向上。（圖74）

圖76

【動作提要】：要領同第27勢，唯方向調步轉身90度。

45. 左晃掌

動作同第28勢，唯方向不同。（圖75、76）

46.右晃掌

動作同第 29 勢，唯方向不同。（圖 77、78）

【動作提要】：調步推掌，左右晃掌同前勢此動作一樣，動作熟練後可做成跳踢左右晃推掌。

圖 77

47.調步虎抱頭

身體直立，右轉，右腳收回，隨轉體向左前上步，屈膝成右弓步，左腳內扣，左腿挺膝伸直；同時，右掌變拳下落至右腹側，隨轉體上架於頭上方，左掌變拳先收於腰間，然後向前沖拳，拳心向下，目視前方。（圖 79）

【動作提要】：此動作亦可做成調步摟手沖拳。

圖 78

48.轉身虎抱頭

身體左後轉，重心前移，左腿屈膝成左弓步，右腳內扣，右腿挺膝伸直；同時，左拳向下，經左腹前向上架於頭上方，右拳下落，經右腰側向前直臂沖拳，拳心向下，目視前方。（圖 80）

圖 79

【動作提要】：左架拳應隨
右弓步轉左弓步時上架，和右沖
拳同時。

49. 展翅扣捶

兩拳變掌分別向外、向裡在
胸前交叉，然後再上架頭於上
方，隨之分別向左右、向下、向
裡抓握成拳，扣於左腰側，拳面
相對，拳心向上，目視前方。
（圖81）

圖80

【動作提要】：此動與前
同，唯扣於左腰側。

50. 勾掛連環腿

上體微左轉，重心前移，左
腿支撐，右腿向右前平圓勾掛一
圈後，接著向右挺膝鏟腿。（圖
82）

圖81

【動作提要】：勾掛遠勾內
掛後，屈膝，腳外側內扣，鏟腿
時，腳外側向外，高與膝平。

51. 大虎抱頭

右腳前落，屈膝成右弓步，
左腿挺膝伸直；同時，右拳向上

圖82

圖 83

圖 84

架於頭上方，左拳內旋，直臂
前沖，拳心向下，目視前方。
（圖 83）

122

　　【動作提要】：動作同第
48 勢，唯方向相反。

52. 展翅扣捶

　　動作同第 49 勢，唯方向
相反。（圖 84）

圖 85

53. 勾掛連環腿

　　動作同第 50 勢，唯方向相反。（圖 85）

54. 大虎抱頭

　　動作同第 51 勢，唯方向相反。（圖 86）

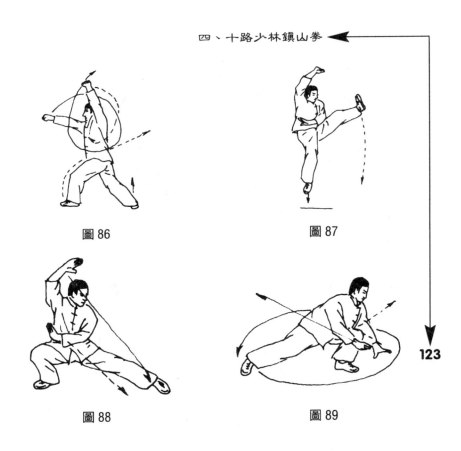

圖 86　　　　　　　　圖 87

圖 88　　　　　　　　圖 89

55. 跳轉劈山

動作同第 41 勢。（圖 87）

56. 伏身前掃

動作同第 42 勢。（圖 88、89）

57. 馬步撐捶

重心右移，左腳內扣，兩腿屈膝半蹲成馬步；兩掌變

拳，先收於腰間，再同時左右撐拳，目視左拳。（圖90）

【動作提要】：同前。

58. 捷打搓腳

身體直立左轉，左腿微屈，右腳腳跟擦地，由後向前勾踢，微高於膝；同時，右拳由後向前、向上勾拳，拳心向裡，左拳變掌拍擊右肘內側，目視右拳。（圖91）

圖90

上動不停，重心前移，右腳向前落地，右腿支撐，左腿屈膝後抬；同時，右拳變掌前伸，左掌變拳後擺。（圖92）

左腳腳跟擦地，由後向前上勾踢；同時，左拳由後向前上勾拳，拳心向裡，右掌屈肘拍擊左肘內側，目視左拳。（圖93）

圖91

重心前移左腳落地支撐，右腿屈膝後抬；同時，左拳變掌內旋，右掌變拳後擺。（圖94）

上動不停，右腳腳跟擦地，由後向前上勾踢；同時，右拳由後向前上勾拳，拳心向裡，左掌屈肘拍擊右肘內側，目視右拳。

圖92

124

圖93

圖94

（圖95）

【動作提要】：捷打搓腳
是由左、右三勢連成，在每勢
做得規範後，再連貫練習。

59. 坐盤撐掌

上體左轉，右腳內扣下
落，左腳抬起後向右經右腿後
插，腳跟提起，兩腿屈膝全
蹲，臀部坐於左小腿上；同
時，兩拳變掌，左右直臂撐
掌，掌心向外，掌指向上，目
視右掌。（圖96）

【動作提要】：坐盤可做
成歇步，以便於接下動旋風
腳；右搓腳後，兩手隨左轉體
變掌裡合相抱後，再撐掌。

圖95

圖96

60. 旋風腳

身體直立，微左轉，左掌屈肘裡擺。（圖97）

上動不停，左腳提起，右腿蹬地起跳，隨左後轉體，騰空掃擺一周，左手攔擊腳掌。（圖98）

【動作提要】：同前。

圖97

61. 金雞獨立

左腳落地，左腿伸直，右腳右落，腿微屈；同時，左手向右上穿掌，右掌屈肘順左掌下滑於左腋下。（圖99）

上動不停，左掌向左、向下、向身後直擺變勾手，勾尖向上，右掌向下、向右、向上擺架於頭上方，目視左側方。（圖100）

【動作提要】：同前。

圖98

62. 右封左推掌

左腳向左落步，屈膝成左弓步，右腿挺膝伸直；同時，右手向左前下按後，握拳收於腰間，

圖99

圖 100　　　　　圖 101　　　　　圖 102

左勾手變掌，經左腰側向前直臂推掌，掌心向前，掌指向上，目視左前方。（圖 101）

【動作提要】：在左腳落步時，上體微左轉，右掌向左側按掌，左掌接著推掌；在左推掌，右收抱拳時，上體再微右轉回，以加大左掌力度。

127

63. 謝步劈掌

上體右轉，左腳內扣，右腳提起後插；同時，左掌內旋下擺，右拳變掌，向左、向上、向右抓撲。（圖 102）

上動不停，重心後移，右腿屈膝全蹲，左腿仆步伸直；同時，右掌繼續向下、向右抓握成拳，收抱於右腰側，拳心向上；左掌外旋，從後向上、向前、向下直臂立掌下劈，目視左前下方。（圖 103）

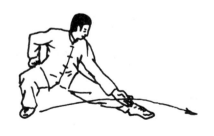

圖 103

圖 104　　　　　　　　　　　　圖 105

128

【動作提要】：同前。

64. 躍步單鞭

身體直立，重心前移，右腳向左腳前踏步；腳尖外展，左腳腳跟提起；同時，右拳變掌，掌心向前，掌指向下，左掌屈肘收於右胸側成立掌。（圖 104）

上動不停，左腳向前上步，屈膝成左弓步，右腿挺膝伸直；同時，上體左轉，左掌成立掌平擺至身後，右掌內旋成立掌，直臂向前推掌，目視右前方。（圖 105）

【動作提要】：同前。

65. 抹頂撩掌

上體微右轉，左掌外旋，從後向前，經右掌心上直臂穿出，高與眼平；同時，右掌內旋，掌心向上，在左掌穿過後，順左臂滑於左腋下。（圖 106）

上動不停，身體右轉，重心右移，右腳外展，右腿屈膝，左腳內扣，左腿挺膝伸直成右弓步；同時，左掌隨轉體

圖106

圖107

向右擺於頭右側，順頭後抹至
左耳後。（圖107）.

　　上動不停，右掌外旋，虎
口朝前，向下、向前撩掌，掌
指向下；同時，左掌順頸部屈
肘，向下、向後擺掌，目視前
下方。（圖108）

圖108

　　【動作提要】：同前。

66.刁手十字捶

　　右掌內旋，以掌外側，向
外旋採，抓握成拳，收於腰
間；同時，左掌變拳，經左腰
側向前直臂沖拳，目視前方。
（圖109）

　　【動作提要】：同前。

圖109

67. 採擄踢打

重心前移，右腿挺膝伸直，左腳
抬起，向前挺膝蹬踢；同時，左拳變
掌採手後，抓握成拳收於腰間，拳心
向上；右拳內旋向前直臂沖拳，拳心
向下，目視前方。（圖110）

【動作提要】：同前。

圖110

68. 後半掃腿

左腳下落內扣，左腿屈膝全蹲，右腿仆地伸直，兩拳變
掌，體前扶地。（圖111）

上動不停，上體右後擰轉；同時，以左腳前腳掌為軸，
右腳擦地後掃轉180度，目視右側。（圖112）

69. 前半掃腿

重心右移，右腿屈膝全蹲，左腿仆地伸直，上體右後擰

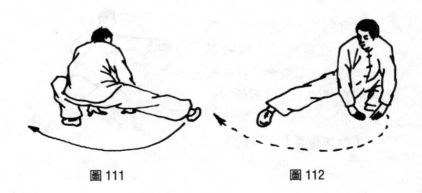

圖111   圖112

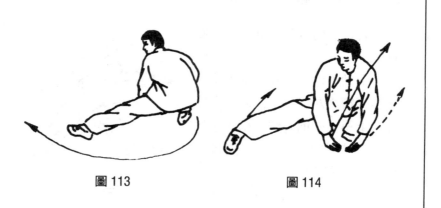

圖 113　　　　　　　　圖 114

轉；同時，以右腳前掌為軸，左腳
擦地，向前掃轉180度，目視左前
方。（圖113）

70. 後半掃腿

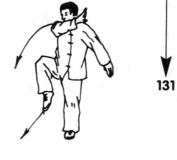

圖 115

動作同第68勢。（圖114）

【動作提要】：這三個半掃腿
連貫性較強，演練時移動重心要
快，連續後掃、前掃、後掃均在一
條直線上；要注意採擄踢打落地時，要扣腳擰身，加快第一
掃腿速度，前半掃注意擦地扣腳，後半掃注意擦地腳跟用
力。

71. 進步劈掌

身體直立，左腿挺膝伸直，右腿屈膝上抬；同時，右掌
屈肘擺於左肩側，左掌後擺。（圖115）

上動不停，左腳向前落步，屈膝成右弓步；同時，右掌

向右直臂下劈，掌根向下。（圖116）

上動不停，左腳向前上步，屈膝半蹲成左弓步；同時，左掌外旋上舉，向前直臂下劈，掌根向下；右掌繼續向下、向後撩擺。（圖117）

上動不停，右掌外旋上舉，向前直臂下劈；同時，左掌繼續向下、向身後直臂下擺變勾手，勾尖向上，目視右掌。（圖118）

【動作提要】：此動原名稱叫「巧打八開進步掌」，是踏步、上步劈掌動作，注意節奏，右踏步時，劈右掌，左上步時劈左右兩掌。

圖 116

72. 抹頂撩掌

動作同第 65 勢，唯方向相反，亦叫「穿手抹頂掃地出單鞭」。（圖119、120、121）

圖 117

73. 跨虎鎖籃

重心後移，左腿伸直，右腿屈膝前抬；同時，左手屈肘橫掌

圖 118

132

圖 119

圖 120

133

圖 121

圖 122

擺於腹前，右掌屈肘向裡，經胸前
下按。（圖122）

　　上動不停，右腳下跺，右膝屈
腿半蹲，左腳向前上步，腳跟提
起，前腳掌著地成左虛步；同時，
左掌後擺變勾手，右掌橫掌前推，
掌心向下，掌指向左，目視前下
方。（圖123）

圖 123

【動作提要】：注意按掌和跺腳一致，橫推掌和上虛步一致。

74. 跨虎搓步

右腳抬起在左腳跟側下踏，同時，左腳微提前移，保持跨虎姿勢，連做三次，目視前下方。（圖124）

圖124

【動作提要】：此動亦叫「搓步走」，一個姿勢連續前進三次，重心都在右腿，起浮不要太大。

75. 伏身後掃腿

上體微右轉，左腳向前上步，左腿屈膝全蹲，左腿仆地伸直；同時，兩手體前扶地，目視右側。（圖125）

圖125

上動不停，右後伏身後掃一周。（圖126）

76. 魁星獻斗

重心右移，上體微右轉，右腿屈膝半蹲成右弓步；同時，左掌提起經右掌心上向右

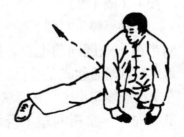

圖126

圖 127   圖 128   圖 129

前方穿掌，右掌屈肘上抬，順左臂下滑至左腋下。（圖
127）

上動不停，上體微左轉，左腳向右腳併步；同時，兩掌
下落，經兩體側、向後、向上，在額前握拳成對拳，拳背相
對，拳心向外，兩臂撐圓，上體微前傾，目視兩拳。（圖
128）

【動作提要】：右移重心時左穿掌，對拳時併步，上體
微前傾。

收 勢

上體直立，兩拳變掌上提，經兩耳側下按，然後外旋，
自然貼於體側，目視正前方。（圖 129）

第四路　三請諸葛

　　三請諸葛，以套路中三次魁星獻斗，意三次拱手禮相喻為名，也是十路拳中較長的一路。上半部分和第三路動作、路線基本相同，只是推掌、晃掌改成了推捶、晃捶，後半部分主要由翻江葉裡藏花、翻身獻掌、雲手、調步捋發、抽打陰、陽捶、進步肘、謝步掌、鎖籃、巧女紉針、二龍吐鬚、奎星獻斗等動作組成，全路往返趟次多，動作多，特點近似三路，演練要求同第三路。

（一）套路歌訣

　　　上步按掌左右分，霸王舉鼎力托天；
　　　兩手托平胸前橫，分手出掌帶踢彈；
　　　上步七星撩袍勢，魁星獻斗雙對拳；
　　　展翅踢腿先架掌，弓馬轉換三沖拳；
　　　搖膀晃捶掄雙臂，蹬山採打右沖拳；
　　　採擄踢打奔撩陰，蹬山採打進步拳；
　　　採擄踢打鴛鴦腳，踹襠栽捶防下盤；
　　　童子送書先擇手，吊捶斜行先挎籃；
　　　劈山掃腿防八方，馬步撐捶擔山拳；
　　　搖膀晃捶雙掄臂，先採後打蹬山拳；
　　　採擄踢打奔撩陰，鴛鴦腳踢左右連；
　　　提踢反磕獨立勢，七星抱斗雙架攔；
　　　展翅扣捶接踢腿，弓馬轉換三沖拳；
　　　挑打疊膝搖身進，翻身推山雙撞拳；

左右晃捶推山勢，虛步吊捶勢挎籃；
葉裡藏花翻身打，跳踢掃腿先劈山；
馬步撐捶擔山勢，回身反劈雙掌獻；
左打雲手接捋發，揪袖後掃雙撐拳；
右打雲手接捋發，揪袖後掃勢相連；
劈山掃腿下勢閃，接站騎馬雙撐拳；
調步推捶雙撐進，蹬踢推捶勢法全；
跳踢推捶用力猛，騎馬順捶先橫攔；
劈山掃腿翻身踹，接站馬步雙撐拳；
葉底藏花翻江勢，後打雲手前挎籃；
勾掛連環截敵腿，屈步掄臂打過山；
劈山掃腿騎馬勢，上步抽打陰陽拳；
進肘活步雙推掌，採批躍步一條鞭；
穿手抹頂掌撩陰，上步挎虎使鎖籃；
搓腳行步挎虎勢，巧女紉針一指禪；
二龍吐鬚翻身進，梅花攬手上下翻；
虛步挎虎前撩袍，魁星獻斗招法完；
若問四路拳名姓，三請諸葛天下傳。

（二）套路圖解

預備勢

文圖同第一路預備勢。

1. 上步按掌

文圖同第一路第 1 勢。

2. 霸王舉鼎

文圖同第一路第 2 勢。

3. 兩手托平

文圖同第一路第 3 勢。

4. 分手出掌

文圖同第一路第 4 勢。（圖 1）

5. 上步七星

身體直立，左腿挺膝伸直，右腳向左腳裡側併步；同時，兩掌向下，經體側，向後、向上握拳成對拳，上體微前傾，目視兩拳。（圖 2）

【動作提要】：同前。

6. 展翅扣捶

動作同第 3 路第 22 勢。（圖 3）

7. 單踢順手捶

動作同第 3 路第 23 勢。（圖 4、5）

8. 蹬山十字捶

動作同第 3 路第 24 勢。（圖 6）

圖 1

圖 2

圖 3

圖 4

圖 5

圖 6

圖 7   圖 8

9. 騎馬順手捶

動作同第 3 路第 25 勢。
（圖 7）

10. 搖膀晃捶

動作同第 3 路第 6 勢。
（圖 8、9）

圖 9

11. 蹬山十字捶

動作同第 3 路第 7 勢。
（圖 10）

12. 採擄踢打

動作同第 3 路第 8 勢右
勢。（圖 11）

圖 10

圖 11

圖 12

13. 進步順手捶

上體左轉，右腳落地內扣，兩腿屈膝成馬步；同時右拳內旋，直臂向右沖拳，左拳收於腰間，目視右側方。（圖12）

【動作提要】：四路前半部分和三路基本一樣，除開勢外，唯在左、右採擄踢打中間穿插了馬步沖拳、弓步沖拳兩動，提請演練時注意。

圖 13

14. 弓步沖拳

上體右轉，重心前移，左腳內扣，左腿挺膝伸直，右腳外展成右弓步，左拳隨轉體直臂沖拳，拳心向下，右拳外旋收於腰間，目視前方。（圖13）

【動作提要】：同前。

圖 14　　　　　　圖 15　　　　　　圖 16

15. 採擄踢打

動作同第 3 路第 8 勢左
勢。（圖 14）

16. 鴛鴦腳踢

動作同第 3 路第 9 勢。
（圖 15）

圖 17

17. 揣襠栽捶

動作同第 3 路第 10 勢。
（圖 16、17、18）

18. 童子送書

動作同第 3 路第 11 勢。
（圖 19、20）

圖 18

圖 19　　　　　　圖 20

圖 21　　　　　　圖 22

19. 調步挎籃

動作同第 3 路第 12 勢。（圖 21）

20. 順步斜行

動作同第 3 路第 13 勢。（圖 22）

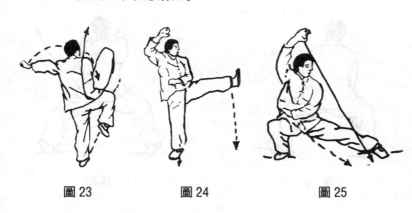

圖 23　　　　圖 24　　　　圖 25

21. 跳轉劈山

動作同第 3 路第 14
勢。（圖 23、24）

22. 仆地前掃

動作同第 3 路第 15
勢。（圖 25、26）

圖 26

23. 馬步撐捶

動作同第 3 路第 16
勢。（圖 27）

24. 搖膀晃捶

動作同第 3 路第 17
勢。（圖 28、29）

圖 27

圖28　　　　　　　　圖29

25. 弓步沖拳

動作同第 3 路第 18 勢。
（圖 30）

26. 採擄踢打

動作同第 3 路第 19 勢。
（圖 31）

圖30

27. 鴛鴦腳踢

動作同第 3 路第 20 勢。
（圖 32、33、34）

28. 七星抱斗

動作同第 3 路第 21 勢。
（圖 35）

圖31

145

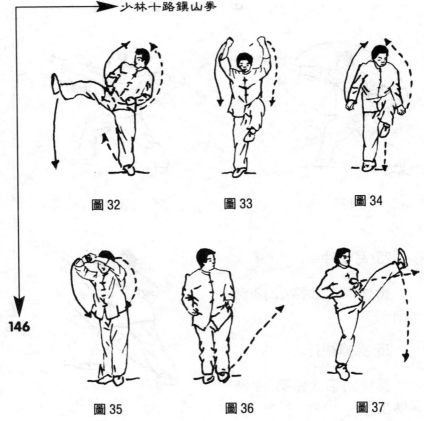

圖 32　　　　　　　圖 33　　　　　　　圖 34

圖 35　　　　　　　圖 36　　　　　　　圖 37

29. 展翅扣捶

　　動作同第 3 路第 22 勢。
（圖 36）

30. 單踢順手捶

　　動作同第 3 路第 23 勢。
（圖 37、38）

圖 38

圖 39　　　　　　圖 40　　　　　　圖 41

31. 蹬山十字捶

動作同第 3 路第 24 勢。
（圖 39）

32. 騎馬順手捶

動作同第 3 路第 25 勢。
（圖 40）

圖 42

33. 挑打疊膝

動作同第 3 路第 26 勢。
（圖 41、42、43、44）

34. 翻身推捶

身體直立右轉，左腳內
扣，右腳向右前上步、屈膝成
右弓步；同時，兩拳收於腹

圖 43

圖 44   圖 45   圖 46

前，隨轉體上步，雙拳向前推出，拳心向下，目視前方。
（圖 45）

　　【動作提要】：同第 3 路第 27 勢，唯掌變拳。

148

35. 左晃捶

　　身體重心左移，右腳抬起向左前上步，踏實，膝微屈，
左腳腳跟提起，膝部微屈；同時，兩拳從右隨轉體向下、向
左、向上、向後擺一立圓，收於腹前。（圖 46）

　　上動不停，左腳向前上步、
屈膝成左弓步；同時上體微左
轉，兩拳內旋直臂向前推出，拳
心向下，目視前方。（圖 47）

　　【動作提要】：同第 3 路第
28 勢。唯掌變拳。

36. 右晃捶

　　身體右轉，重心右移，左腳

圖 47

提起向前上步，踏實，膝微屈，右腳腳跟提起，膝微屈；同時，兩拳隨轉體向下、向右、向上、向後擺一立圓，收於腹前。（圖48）

圖 48

上動不停，右腳向前上步，屈膝成右弓步，左腿挺膝伸直；同時，上體微右轉，兩拳內旋直臂向前推出，拳心向下，目視前方。（圖49）

【動作提要】：同第3路第29勢，唯掌變拳。

37. 虛步吊捶

重心後移，左腿屈膝半蹲，右腳微後收，腳跟提起，前腳掌著地，成右虛步；同時，右拳向右、向下、向上挎捶，拳心向裡，左拳屈肘壓於右肘側，拳心向下，目視右拳。（圖50）

【動作提要】：同前。

38. 葉底藏花

身體直立，左腿挺膝伸直，右腿屈膝提起；同時，右拳內旋，向下、向左順左臂上擺於左

圖 49

圖 50

圖 51　　　　　　　　圖 52　　　　　　　　圖 53

肩側。（圖 51）

　　上動不停，右腳向前落步，同時，右拳繼續向上、向右直臂掄劈，左拳向下、向後擺動。（圖 52）

　　上動不停，右腳腳尖外展，重心前移，左腳腳跟提起，腿微彎曲；同時，右拳隨轉體繼續向右、向下、向左上掄擺，左拳由後向上、向下擺於胸前，與右拳交叉。（圖 53）

　　上動不停，左腳向左距右腳三腳寬上步，內扣，兩腿屈膝成馬步；同時，右拳變掌上架於頭上方，左拳內旋，直臂向左沖拳，拳心向下，目視左前方。（圖 54）

　　【動作提要】：此動有一定難度，不好連結，首先應把分解動作做熟練再連結；難度主要是右手的路線；正確的方法應該是從挎捶開始，右手內旋向下、向左、向上，這時跺腳轉體，右手應由向上隨轉體向右、向下、向左上擺於胸前，左手隨轉體下落與右拳相交，然後架沖拳。

39. 跳轉劈山

動作同第 3 路第 41 勢。（圖 55、56）

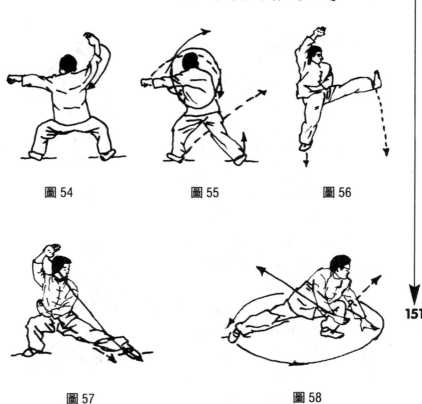

圖 54　　　　　圖 55　　　　　圖 56

圖 57　　　　　　　圖 58

151

40. 伏身前掃腿

　　動作同第 3 路第 42 勢。
（圖 57、58）

41. 騎馬撐捶

　　動作同第 3 路第 43 勢，
唯掌變拳。（圖 59）

圖 59

42. 翻身獻掌

　　身體直立，重心左移，左腿挺膝伸直，右腿屈膝上抬；同時，兩拳變掌，右掌屈肘擺於頭左側，左掌內旋後擺。（圖60）

圖 60

　　上動不停，上體右轉、重心前移，右腳外展下落，膝微屈，左腳腳跟提起，膝部微彎；同時，右掌隨轉體落於胸前，左掌從後向上、向下落於胸前與右掌交叉。（圖61）

152

　　上動不停，左腳向左距右腳三腳寬落步，兩腿屈膝成馬步；同時，兩掌下劈，經兩胯側向後、向外、向胸前裡合叉掌，兩掌心向外，目視兩掌。（圖62）

圖 61

　　【動作提要】：先翻身震腳，胸前合掌後再砍掌，左腳上步成馬步時、兩掌向外、向前合掌交叉成獻掌。

43. 左打雲手

　　上體左轉，左腳外展成左弓步；同時，右掌外旋，掌心向上，與左掌同時向左砍掌，掌根

圖 62

向外，左掌心向下，右掌心向
上，目視前方。（圖63）

【動作提要】：接上動，
兩掌直接左砍掌，左掌邊砍邊
內旋，要與左轉弓步一致。

圖63

44. 調步捋發

重心後移，右腿屈膝半
蹲，左腿微屈，左腳跟抬起、
成左虛步；同時，左掌以肘關
節為軸，向上旋擺成立掌，右
掌內旋成側立掌，目視左掌
指。（圖64）

【動作提要】：左掌以肘
關節為軸向上、向左、向下、
向右、向上劃立圓挑起，右掌
附於左肘側。

153

圖64

45. 揪袖肘腿

上體微左轉，重心前移，
左腿伸直，右腿屈膝後抬；同
時兩手左上伸掌。（圖65）

上動不停，右腳腳跟擦地
向左前勾踢；同時兩手向體右
側採。（圖66）

【動作提要】：同前。

圖65

圖 66   圖 67

46. 左後半掃

上體左轉，右腳向右落地
內扣，右腿屈膝全蹲，左腿仆
地伸直；同時兩掌體前扶地。
（圖 67）

上動不停，上體左擰轉
身；同時，右腳以腳前掌為
軸，左腳腳掌擦地隨左轉體迅
速後掃半周。（圖 68）

圖 68

【動作提要】：同前。

47. 馬步撐捶

重心左移，兩腿屈膝成馬
步；兩掌收於腰間後變拳，同
時左右撐出，目視右側方。
（圖 69）

圖 69

【動作提要】：同前。

48. 右打雲手

上體右轉，右腳外展成右弓步；同時，兩拳變掌，右掌先屈肘左擺，然後兩掌同時右砍掌，掌根向外，目視右前方。（圖70）

圖70

【動作提要】：要領同「左打雲手」，唯左右勢不同。

49. 調步捋發

重心後移，左腿屈膝半蹲，右腿微彎曲，右腳腳跟抬起成右虛步；同時，右掌以肘關節為軸，向上旋擺成立掌，左掌內旋成立掌附於右肘下側，目視右掌。（圖71）

圖71

【動作提要】：同前「調步捋發」，唯左右勢不同。

50. 揪袖肘腿

上體微右轉，重心前移，右腿伸直。左腿屈膝後抬；同時，兩手右前伸掌。（圖72）

上動不停，左腳腳跟擦地，

圖72

向右前勾踢，同時，兩手體左側下採。（圖73）

【動作提要】：同前「揪袖肘腿」，唯左右勢不同。

圖73

51.右後半掃

上體右轉，左腳向左落地內扣，左腿屈膝全蹲，右腿仆地伸直；同時兩手體前扶地。（圖74）

上動不停，上體右擰轉身，同時左腳以腳前掌為軸，右腳掌擦地隨右轉體迅速後掃半周。（圖75）

【動作提要】：同前「後半掃腿」，唯左右勢不同。

圖74

52.跳轉劈山

動作同第39勢。（圖76、77）

53.伏身前掃

動作同第40勢。（圖78、79）

圖75

圖 76

圖 77

157

圖 78

圖 79

54. 馬步撐捶

動作同第 40 勢。（圖
80）

55. 調步推捶

身體右後轉，右腳收回
隨轉體向體前上步，屈膝成

圖 80

圖 81   圖 82   圖 83

右弓步；同時，兩拳收於腰間、隨上步向前直臂雙推，拳心
向下，目視前方。（圖 81）

【動作提要】：同第 34 勢，唯調步右後轉體。

56. 左晃捶

上體左轉，重心左移，左腿挺膝伸直，右腳抬起向左腳
左側踏跺，腳尖外展；同時，兩拳隨轉體向下、向左、向
上、向後擺於右胸前。（圖 82）

上動不停，左腿抬起向前上步，屈膝成左弓步，右腿挺
膝蹬踢；同時，上體微左轉，兩拳內旋向前沖出，拳心向
下，目視前方。（圖 83）

【動作提要】：同第 35 勢，唯方向不同；亦可做蹬踢
推捶。

57. 右晃捶

身體右轉，左腳抬起向右腳前震腳，腳尖外展；同時，
兩拳隨轉體向右、向上、向後擺一立圓，收於左下腹前。

圖84　　　　　　圖85　　　　　　圖86

（圖84）

上動不停，右腳抬起向左腳前落步，屈膝成右弓步；同時，上體微右轉，兩拳內旋向前沖出，拳心向下，目視前方。（圖85）

【動作提要】：同第36勢，唯方向不同；亦可做跳踢推捶。

58. 攔手直捶

上體左轉，重心左移，右腳內扣，兩腿屈膝成馬步；同時，左拳隨轉體由拳變掌從右向左摟手握拳收於左腰側，拳心向上，右拳隨轉體先收於右腰側，然後直臂向前沖拳，目視前方。（圖86）

【動作提要】：由弓步雙推拳直接轉馬步摟手沖拳。

59. 馬步順捶

上體右後轉，左腳內扣，右腳隨轉體扣撤一步成馬步；同時，左拳內旋，直臂向左沖拳，右拳外旋，屈臂收回腰

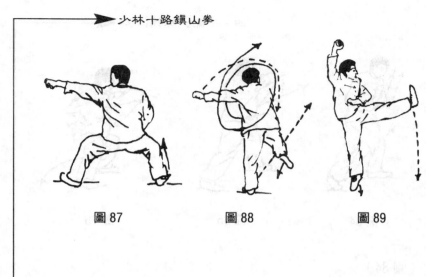

圖 87　　　　　圖 88　　　　　圖 89

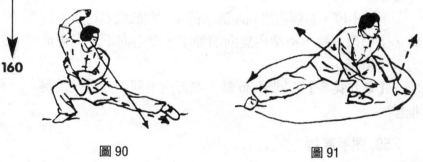

圖 90　　　　　　　　圖 91

間，目視左側方。（圖 87）

　　【動作提要】：撤步轉體 90 度沖拳。

60. 跳轉劈山

動作同第 52 勢。（圖 88、89）

61. 伏身前掃

動作同第 53 勢。（圖 90、91）

圖92　　　　　　圖93　　　　　　圖94

62. 馬步撐捶

動作同第 54 勢。（圖 92）

63. 葉底藏花

動作同第 38 勢。（圖 93、
94、95）

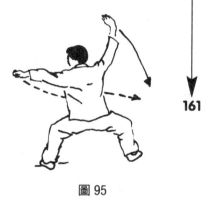

圖95

64. 後打雲手

　　上體右轉，重心右移，右腳
外展，右腿屈膝成右弓步；同
時，左拳變掌與右掌隨轉體向右
後砍掌，掌根向右，右掌心向
下，左掌心向上，目視右後方。
（圖 96）

　　【動作提要】：同右打雲
手，唯右後轉體。

圖96

65.前打挎籃

上體左轉,重心左移,左腳
外展,左腿屈膝成左弓步;同
時,左掌內旋,右掌外旋,隨轉
體左砍掌。(圖97)

圖97

上動不停,重心後移,右腿
屈膝半蹲,左腿後移微屈,左腳
跟提起成左虛步;同時,左掌以
肘關節為軸,向左、向下、向
右、向上握拳上挎,拳心向裡,
右掌內旋握拳扣於左肘下,目視
左拳。(圖98)

【動作提要】:同左打雲手
接挳發上肢動作,唯掌變拳。

圖98

66.勾掛連環腿

上體左轉,重心前移,左腿
挺膝伸直,右腳先提起前擺,隨
轉體向左、向裡、向右平勾一
周,然後向右前側踹,目視右前
方。(圖99)

【動作提要】:同前。

67.屈步打過山

右腳下落,重心前移,右腿

圖99

圖 100

圖 101

伸直，左腿屈膝後抬；同時，
右拳向上，向前掄劈，左拳向
下、向後掄擺。（圖 100）

　上動不停，上體微右轉，
左腳向前上步，左腿屈膝成左
弓步；同時，右拳繼續向下、
向後擺動，左拳繼續向上、向
前掄劈。（圖 101）

圖 102

　上動不停，上體左側傾，
同時，右拳繼續向上、向前掄劈，臂貼右耳，拳眼向下，拳
心向外，左拳繼續向下，經腹前上擺於右腋下，拳心向下，
目視左前方。（圖 102）

　【動作提要】：此動是進步掄臂側身探捶，注意右上、
下肢一條線，整個右側拉直、拉緊。

68.跳轉劈山

　動作同第 52 勢。（圖 103、104）

圖 103

圖 104

圖 105

圖 106

69. 伏身前掃

動作同第 53 勢。（圖
105、106）

70. 馬步撐捶

動作同第 54 勢。（圖
107）

圖 107

71. 上步打陽捶

上體左轉，右腳向前上步，屈膝成右弓步；同時，左拳下壓收於腰側，右拳向前、向上直臂沖拳，拳心向上，高與頭平，目視右拳。（圖108）

【動作提要】：左拳屈肘向裡下壓後，右拳成仰拳隨上步沖拳。

圖108

72. 抽步打陰捶

重心後移，左腿屈膝半蹲，右腿屈膝收回，腳跟提起成丁步，右拳收於腰間。（圖109）

上動不停，左腿屈膝全蹲，右腳向右上步，仆步伸直；同時，兩拳左右沖拳，左高右低，拳心均向下，目視右拳。（圖110）

【動作提要】：陰拳迅速收回後，接著向下沖拳，上步要與沖拳一致，左腳亦可拖步。

圖109

165

73. 活步頂肘

身體直立，重心後移，左腿

圖110

圖 111　　　　　　圖 112　　　　　　圖 113

微彎曲，右腳收於左腳內側成丁步；同時兩拳收於腰間。
（圖 111）

　　上動不停，右腳上步，屈膝成右弓步；同時，右肘屈肘
上抬，肘尖向右前頂肘，拳心向下，左拳變掌上頂於右拳
面，掌指向上，目視右前方。（圖 112）

　　【動作提要】：盡量屈肘，不要離右胸側，肘尖突出，
左手立掌推頂。

74. 活步推掌

　　上體微右轉，重心後移，左腿微屈，右腳收於左腳內側
成丁步；同時，右拳變掌與左掌同時收於腰側，掌心向前，
掌指向下。（圖 113）

　　上動不停，右腳向前上步，右腿屈膝成右弓步，同時，
兩掌內旋向前雙推掌，掌心向前，掌指向上，目視前方。
（圖 114）

　　【動作提要】：同前。

圖114　　　　　圖115　　　　　圖116

75.謝步掌

上體左轉，重心左移，左腿屈膝，右腿伸直；同時，左掌外旋左擺，右掌內旋下擺於體右側。（圖115）

圖117

上動不停，上體右轉，左腳內扣，右腳抬起隨轉體後落一步，挺膝伸直；同時，右掌向左、向上、向前掄臂，左掌內旋下擺。（圖116）

上動不停，右腳屈膝全蹲，左腿仆步伸直；同時，右掌向下、向右腰側採握成拳，拳心向上，左掌繼續向上、向前、向下劈掌，掌根向下，目視左掌。（圖117）

【動作提要】：同前。

76.躍步單鞭

動作同第3路第64勢。（圖118、119）

圖 118

圖 119

168

圖 120

圖 121

77. 抹頂撩掌

動作同第 3 路第 65 勢。（圖 120、121、122、123、124、125）

78. 鎖籃挎虎

動作同第 3 路第 73 勢。（圖 126、127）

圖 122

圖 123

圖 124

圖 125

圖 126

圖 127

79.巧女紉針

身體直立，左腿伸直支撐，右腳繃腳前踢，高與肩平；同時，右掌握劍指後擺，左勾手變劍指前點，高與肩平，目視前方。（圖 128）

【動作提要】：應掄臂繃踢前點，劍指亦可為單指前點，用食指，如用中指，需食指背於中指上。

圖 128

80.二龍吐鬚

上體右轉，右腿屈膝後抬，同時，兩劍指變掌，左掌屈肘裡擺。（圖 129）

上動不停，上體右後轉，右腳隨轉體外展踏跺，左腳內扣，兩腿交叉；同時，右掌向左、向上，隨轉體向右、向裡合掌，左掌下落與右掌交叉，左裡右外。（圖 130）

上動不停，左腳向左距右腳三腳寬落步，兩腿屈膝成馬步；同時，兩掌變劍指，右手向左、向上架於頭上方，左手內旋，直

圖 129

圖 130

圖 131

圖 132

圖 133

臂向左平擺，劍指分開，目視
左前方。（圖 131）

【動作提要】：二龍吐鬚
亦叫翻江二龍吐鬚，其翻身要
領同翻身葉裡（底）藏花。

81. 梅花攬手

動作同第 1 路第 39 勢。
（圖 132、133）

82. 虛步挎虎

動作同第 1 路第 40 勢。
（圖 134、135）

83. 魁星獻斗

動作同第 3 路第 76 勢。
（圖 136）

圖 134

圖 135

圖 136

圖 137

收 勢

動作同第 3 路收勢。（圖 137）

第五路　小五掌

　　小五掌是十路拳中較短的一路，本路主要以掌法為主，演練起來動作明快，輕鬆活潑，優美大方，主要動作由走擺勢、跳踢、刺掌、掛塔、揣掌、五子登科、出巧子龍、兩進手、三進手、敗勢、坐虎勢、翻身橫攔步、左右抹掌、左右二起、帶腿、脫靴、風擺蓮、大敞門等動作組成。其中，兩進手、三進手為五掌重點，本書在三進手動作圖解中把一掌、二掌做成原地，三掌做成跳插步轉身接弓步架推掌，動作熟練後也可做成跳插步騰空時，連出二、三兩掌。

（一）套路歌訣

　　　　上步按掌左右分，霸五舉鼎力托天；
　　　　兩手托平胸前橫，分手出掌帶踢彈；
　　　　上步玉柱庭中站，先劈後架掌連環；
　　　　巧走擺勢雙扯旗，進步騰空腳前彈；
　　　　跨步刺掌蹬山勢，採摟掛塔腳使拌；
　　　　歇步雲手雙揣掌，回身單踢接跳彈；
　　　　踏步刺掌蹬山勢，翻身挎虎虛步觀；
　　　　裹腿帶腿連身進，橫掃千軍空中旋；
　　　　騎馬雲手雙揣掌，起身回頭腳踢單；
　　　　絞手穿出巧子龍，撩掌二起腳踢天；
　　　　騎馬雲手雙揣掌，起身回頭腳踢單；
　　　　上步刺掌兩進手，翻身跳踢空中懸；
　　　　踏步刺掌蹬山勢，急拉敗勢仆步觀；

　　併步坐虎擊撩陰，上步二起腳踢天；
　　騎馬雲手雙揣掌，起身回頭腳踢單；
　　上步刺掌三進手，翻身掄劈步橫攔；
　　掤手擺腿防前敵，鴻門射雁擊中盤；
　　進步擇手雙抹掌，躍步蹬山一條鞭；
　　穿袖單踢二起腳，帶腿脫靴風擺蓮；
　　鴻門射雁橫襠步，一化敞門虛步觀；
　　巧走攉勢搖身進，左右騰空雙飛燕；
　　帶腿脫靴三不落，掤手護腿雙擺蓮；
　　鴻門射雁橫攔步，梅花攬手上下翻；
　　謝步請示道特點，五路用掌不用拳。

（二）套路圖解

174

預備勢

動作同前。

1. 上步按掌

動作同前。（圖1）

　　【動作提要】：上步按掌後即可做虛步架掌；也可做成
上步按掌至上步玉柱後做虛步架掌。

2. 虛步架掌

　　左腿屈膝半蹲成左弓步，右腿提起後落一步，右腿挺膝
蹬直；同時，右掌向後擺動，掌外旋成仰掌，向右前橫砍
掌，微高於肩。（圖2）

圖 1

圖 2

圖 3

上動不停，重心後移，右腳微外展。右腿屈膝半蹲，左腿微彎曲，腳腳跟提起成左虛步；同時，左掌旋，向前經右掌心上穿出後內旋成掌；右掌在左掌穿出後，向下、經體側向後、向上架於頭上方，目視前方。（圖3）

【動作提要】：此動是由弓步與砍掌和虛步架推掌組成，演練時要注意連貫。

圖 4

3. 巧走擺勢

重心前移，左腳踏實，左腿微屈，右腳腳前掌扒地後撩；同時，左掌向上，經頭上方，向後、向下擺動，右掌從上向後、向下、向前經腹前橫擺於頭上方。（圖4）

上動不停，右腳向前上步踏實、腿微屈，左腳腳前掌扒地後撩；同時，左手繼續從後向前，經腹前橫擺於頭上方，

圖5　　　　　　圖6　　　　　　圖7

右手向後下擺動。（圖5）

【動作提要】：巧走擺勢是行進間下扒地後撩，上肢雲架擺劃的連貫性動作，上下肢動作的配合非常重要；從右、左、右、左共上四步做四次，上步可大可小，也可做成原地擺勢。

4. 上步跳踢

左腳向前上步，重心前移，右腳跟微提；同時，左手繼續向後下擺動，右手從後向前屈臂擺於左胯處。（圖6）

上動不停，上體微右轉，右腳向左腿前屈膝提起，左腳蹬地起跳、騰空向左前方蹬踢；同時，右掌上擺架於頭上方，左掌屈肘向右，擺於右腋下成立掌。（圖7）

【動作提要】：左擺勢後，左腳接著向前上步即接。

5. 弓步刺掌

右腳落地挺膝前蹬，左腳落地踏實，左腿屈膝半蹲成左弓步；同時，上體微左轉，左掌橫架於頭上，右掌下落經右

圖8　　　　　　圖9　　　　　　圖10

體側向前直臂推掌，掌心向前，掌指向上，目視前方。（圖8）

【動作提要】：落地成弓步時，左掌應橫肘向前、向上橫架於頭上方，右刺掌時力在掌根。

6. 採擄掛塔

重心前移，左腿挺膝伸直，右腳後抬，腳跟擦地向左前上勾踢；同時，右手向右後直臂平擺，左手下落後向左前橫臂平擺。（圖9）

上動不停，左腿屈膝半蹲，右腳向右後擺蹬，全腳著地，右腿挺膝蹬直；同時，右手前斬（或按），左手屈肘右擺扶於右臂裡側，目視前下方。（圖10）

【動作提要】：向前勾踢時，腳尖要勾起內扣，向後擺蹬時腳跟要外撐。

7. 分手單踢

身體直立，左腳抬起向右腳前橫上步，腳尖外展，右腿

圖 11　　　　　圖 12　　　　　圖 13

178

微彎曲，右腳腳跟抬起；同時，
兩掌交叉上架，左右分手抓握成
拳，收抱於腰間。（圖 11）

　　上動不停，左腿挺膝伸直，
右腳抬起，向體右側蹬踢，目視
右側。（圖 12）

　　【動作提要】：展翅扣捶要
和左蓋步一致，蓋步時可以向下
跺腳，再蹬踢。

圖 14

8. 雲手揣掌

　　右腳右落地，同時兩拳變掌，由下向右上擺掌。（圖
13）

　　上動不停，左腳提起向右，經右腿後橫插，兩腿屈膝全
蹲，左腳跟抬起，臀部坐於左小腿上；同時，兩掌繼續向
上、向左、向下、向右擺一立圓，右掌成橫掌，掌心向外，
掌指向前，左掌掌心向外，掌指向上，目視右側。（圖 14）

圖 15

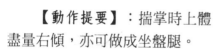

圖 16

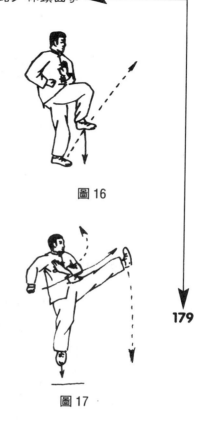

圖 17

【動作提要】：揣掌時上體盡量右傾，亦可做成坐盤腿。

9. 回身彈踢

身體直立微左轉，右腿挺膝伸直，左腳隨起身轉體，向左彈踢，腳面繃平；同時，左手微後收，右掌握拳收抱於腰間，目視左前方。（圖 15）

【動作提要】：起身時，右腿支撐，左腿先屈後彈。

10. 上步跳踢

左腳向下落地，重心前移，右腳向左屈膝抬起，腳尖外展。（圖 16）

上動不停，左腳蹬地起跳，騰空向左蹬踢。（圖 17）

【動作提要】：左腳彈踢落地後，重心前移，左腿微彎曲，右腳前抬時接著蹬地起跳蹬踢。

11. 弓步刺掌

左腳下落，左腿屈膝半蹲，右腳內扣，右腿挺膝蹬直；同時，左掌上架於頭上，右拳變掌，向前成立掌推出，目視前方。（圖18）

【動作提要】：左掌體前橫掌上架，右掌內旋直臂推掌，力在掌根。

圖18

12. 翻身挎虎

上體右後轉體180度，左腳以腳跟為軸，右腳隨轉體向右後，擺於左腳後，右腿伸直；同時，左手向左伸直，右掌隨轉體向右後平擺。（圖19）

圖19

上動不停，重心右移，右腿屈膝半蹲，左腿微彎曲，左腳腳跟抬起成左虛步；同時，右手向上、向左、向下、向右掄擺一立圓，擺架於頭上方亮掌，左手屈臂在右臂裡上穿，向左、向身後上擺成勾手，勾尖向上，目視左側方。（圖20）

【動作提要】：撤步轉身

圖20

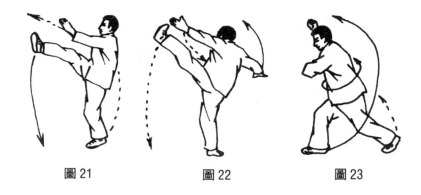

圖 21　　　　　　　圖 22　　　　　　　圖 23

時，右掌應隨轉體向右砍掌，再穿手成側虛步亮掌。

13. 裹腿、帶腿

上體直立，重心左移，左腿踏實，左腿支撐，右腳從後向前裡合擺踢，左掌攔擊腳掌；同時，右掌變拳收於腰間。（圖 21）

上動不停，右腳落地內扣，上體左後轉體，同時，左腳隨轉體向外擺踢，左手攔擊腳外側，右拳變掌，自然擺動。（圖 22）

【動作提要】：合裡腿、外擺腿落步均在一條直線上。

14. 旋風腳

左腳下落，右腳向前上步，腳尖內扣，右腿屈膝，左腿彎曲，腳跟抬起；兩掌自然握拳，右拳擺於頭右側，左拳擺於右肩側。（圖 23）

上動不停，左腳抬離地面，右腳蹬地騰空旋轉一周，同時左掌攔擊右腳掌。（圖 24）

圖24

圖25

【動作提要】：動作同前。

15. 馬步撐掌

左腳落地踏實，右腳距左腳三腳寬落地，兩腿屈膝半蹲成馬步；同時，兩掌左右成立掌推出，目視右側方。（圖25）

【動作提要】：動作同前。

圖26

16. 雲手揣掌

身體直立，重心左移，右腿挺直，左腿微屈；同時，右掌向上、向左擺於左側。（圖26）

上動不停，重心右移，左腿抬起經右腿後插，兩腿屈膝全蹲，左腳腳跟抬起，臀部坐於左小腿上成歇步；同時，兩掌向下、向右揣掌，右掌掌根向右，掌指向前，左掌掌心向外，掌指向上，目視右側。（圖27）

【動作提要】：右掌左擺時，右弓步是過渡動作，不能

圖 27

圖 28

停頓，右掌是個回擺動作，其餘同前 8 動雲手揣掌。

17. 出巧子龍

身體直立，右掌向下、向左，經左臂前向上、向右擺伸，掌心向前，掌指向右。（圖 28）

圖 29

上動不停，右腿挺膝伸直，左腿屈膝上抬；同時，左掌向左、向上、向右擺壓，掌心斜向下，右掌收於腰間成仰掌。（圖 29）

上動不停，右掌向右經左掌背上斜上穿掌；同時，左掌順右臂下滑至右腋下。（圖30）

圖 30

圖 31　　　　　　　　　　　圖 32

上動不停，右腿屈膝全蹲，左腿向左蹬伸平仆；同時，右掌內旋，左掌順左腿上立掌穿出，目視左前下方。（圖 31）

【動作提要】：此動是掄臂提膝穿掌和仆步穿掌兩動；起身掄臂時右腳亦可向左小步，穿手時亦可左提膝。

圖 33

18. 撩掌二起腳

身體直立，右腳向前上一步，右腿微屈膝，左腿伸直，腳跟抬起，同時左掌外旋上托。（圖 32）

上動不停，右腿挺膝蹬直，左腿屈膝上抬；同時，左掌內旋，掌心向下，右掌從後向前、向上，用掌背頂擊左掌心。（圖 33）

上動不停，右腿蹬地起跳向前擺踢；同時，左掌向左平擺，右掌拍擊右腳面。（圖 34）

圖 34

圖 35

19. 馬步撐掌

動作同第 15 勢，唯方向相反。（圖 35）

20. 雲手揣掌

動作同第 16 勢，唯方向相反。（圖 36、37）

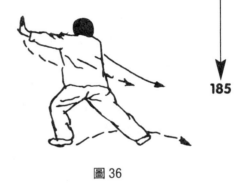

圖 36

21. 兩進手

身體直立、左腳向左前方上一步，左腿屈膝，右腿伸直成左弓步；同時，左掌成立掌前推，右掌變拳收抱於腰間。（圖 38）

上動不停，上體左轉，右腳向前跨跳一步，左腳屈

圖 37

圖38　　　　　　圖39

膝後抬；同時，右拳變掌前推，掌
心向前，掌指向上，左掌外旋變拳
收抱於腰間。（圖39）

　　上動不停，身體左後轉，左腳
向前落步，左腿屈膝半蹲成左弓
步，右腿挺膝伸直；同時，左拳變
掌上架於頭上方，右掌隨轉體收於
腰間，在左掌上架時，內旋立掌前
推，目視前方。（圖40）

圖40

　　【動作提要】：兩進手是由上
步推掌、跳插步推掌和轉身架推掌
三動組成，演練時其間不可停頓。

22. 翻身跳踢

　　左腳內扣，上體微右轉，右腳
抬離地面；同時，兩掌隨轉體微屈
內收。（圖41）

圖41

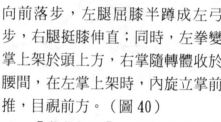
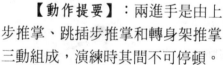

圖 42

圖 43

上動不停，上體向右翻轉，左腳蹬地起跳，隨轉體，向左前方騰空蹬踢；同時，右掌向前、向下，隨轉體向後、向上擺架於頭上方，左掌向右前、向下，隨轉體向右，擺於右腋下成立掌，目視左前方。（圖 42）

【動作提要】：起跳時上體要向右翻轉，再蹬踢，防止右轉身蹬跳重心不穩，克服左腳擺踢現象。

23. 弓步刺掌

右腳落地內扣，右腿蹬直，左腳向前落地、踏實，左腿屈膝半蹲成左弓步；同時，左掌上架於頭上方，右掌先收於腰間，再直臂向前成立掌推出，目視前方。（圖 43）

【動作提要】：要領同前。

24. 急拉敗勢

重心後移，右腳外展，右腿屈膝全蹲，左腳內扣，左腿仆地伸直；同時，上體微右轉，右掌向右、向後、向上，擺架於頭上方，左掌向下、向右，擺於右腋下成立掌，目視左

前方。（圖44）

【動作提要】：同仆步亮
掌。

25. 坐虎勢

上體左轉，左腳外展，重心
前移，右腳抬起在左腳內側踏
踪，兩腿屈膝半蹲；同時，左掌
上架於頭上方，右掌隨上步先收
於腰間，再直臂向前下推掌，掌
心斜向下，掌指斜向上，目視前
下方。（圖45）

【動作提要】：重心前移
時，左架掌，右腳踏踪時成併
步，踪腳與右推掌一致。

26. 上步二起腳

動作同第18勢。（圖46、
47、48）

27. 馬步撐掌

動作同第19勢。（圖49）

28. 雲手揣掌

動作同第20勢。（圖50）

圖44

圖45

圖46

圖 47

圖 48

圖 49

圖 50

29. 三進手

　　身體直立，左腳向左前上一
步，左腿屈膝，右腿伸直；同
時，左掌立掌前推，右掌變拳收
抱於腰間。（圖51）

　　上動不停，右拳變掌前推，
掌心向前，掌指向上，左掌外旋

圖 51

圖 52　　　　　圖 53　　　　　圖 54

變拳收抱於腰間。（圖 52）

　　上動不停，右腳向前跨跳一步，左腿屈膝後抬；同時，左拳內旋變掌直臂向前推出，右掌變拳收於腰間。（圖 53）

　　上動不停，上體左轉，右腳內扣，左腿隨轉體經右腿後插步，前腳掌著地，腳跟抬起；同時，右拳內旋變掌直臂向右推掌，左掌外旋變拳收抱於腰間。（圖 54）

圖 55

　　上動不停，上體左後轉，左腳隨轉體向前上半步成左弓步，右腿挺膝伸直；同時，左拳變掌上架成橫掌；右掌隨轉體先收於腰間，再直臂成立掌前推，目視前方。（圖 55）

　　【動作提要】：三進手是由左弓步左、右推掌，右跨步左推掌，左插步右推掌和轉身架推掌組成，演練時其間不得停頓；三進手亦可做成左弓步左推掌，右跳跨步時推右、左兩掌，均在騰空時推出，落地轉身成架推掌；任何一種均需

注意手的變化，出為掌，收為
拳，拳、掌變化要快。

30. 翻身橫攔步

上體右後轉，右腳抬起，腳
尖外展隨轉體下跺，左腳跟抬起
隨上體轉；同時，右掌變拳向上
隨轉體下劈拳，拳心向上，左掌
外旋變拳向下收抱於腰間。（圖
56）

圖56

上動不停，左腳向前距右腳
三腳寬平行上步，兩腿屈膝成馬
步；同時，右拳向裡、向左、向
上橫架拳，左拳內旋直臂前沖，
目視前方。（圖57）

【動作提要】：右拳翻身劈
拳後，再接架拳。

圖57

31. 捌手擺腿

重心左移，右腿伸直；同
時，兩拳變掌，右手向右、向
下、向左、向上用掌背頂擊左掌
心。（圖58）

上動不停，右腳在體前向
左、向右扇形擺踢；同時，兩掌
依次拍擊腳面。（圖59）

圖58

圖 59

圖 60

【動作提要】：要領同前。

32. 鴻門射雁

重心右移，右腳右落原地，右腿屈膝半蹲，左腿蹬直；同時，兩掌變拳，左拳成俯拳前沖，略低於肩，右拳外旋收抱於腰間，目視前方。（圖60）

圖 61

【動作提要】：要領同前。

33. 連進抹掌

身體直立，右腳向前上步成右弓步，左腿蹬直；同時，兩拳變掌，左掌外旋成仰掌，右掌經左掌心上向前直臂推掌，左掌內旋屈臂回收，掌心向下。（圖61）

上動不停，左腳向前上步成左弓步，右腿蹬直；同時，右掌外旋成仰掌，左掌經右掌心上向前直臂推掌，右掌心內旋屈臂回收，掌心向下，目視前方。（圖62）

圖62

圖63

【動作提要】：連進抹掌形
同弓步刺掌，不同點是，刺掌
時，一掌以掌根在另一掌心上擦
轉內旋、前竄掌，步法連進。

圖64

34.躍步單鞭

上體直立，重心前移，右腳
向前上步，腳尖外展；同時，左
掌屈肘裡合、下按，右掌外旋。
（圖63）

上動不停，左腳向前上步成左弓步，右腿蹬直；同時，
左掌向前、向左、向身後立掌直臂擺撐，右掌內旋向前直臂
推掌，掌心向前，掌指均向上，目視前方。（圖64）

【動作提要】：要領同前。

35.穿袖單踢

下肢不動，左手屈臂內收、外旋成仰掌向前直臂穿掌；

圖 65

圖 66

圖 67

194

同時，右掌外旋順左臂下移左腋下。（圖65）

上動不停，重心前移，左腿伸直，右腳向前擺踢；同時，右手從左腋下向右、向上、向下拍擊右腳面，左掌收回腰間，目視右腳。（圖66）

36.左二起腳

左腳蹬地起跳，向前上方騰空擺踢，右腿屈膝；同時，左拳變掌，向上、向前下拍擊左腳面，目視左腳。（圖67）

【動作提要】：要領同右二起腳；為接下動，左腳微控制一下。

37.帶腿、脫靴

右腳落步，右腿伸直，左腿屈膝右後撩擺；同時，左手不動，右手下拍左腳掌。（圖68）

圖68　　　　　　　　圖69　　　　　　　　圖70

上動不停，左腿左擺，膝微前
提，左手從上向下拍擊左腳外側，
右手自然上提，目視左下方。（圖
69）

195

【動作提要】：右腳落地後，
左腳直接向下、向右屈膝後撩，腳
掌向斜上；右手拍擊腳底後，左腿
接著前上提，腳掌內扣，左手從上
往下拍擊腳外側。

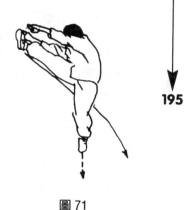

圖71

38. 掤手擺蓮

上體微右轉，左腿微上提內扣；同時，兩手上舉，在頭
上方掤手，右掌在下。（圖70）

上動不停，右腳蹬地起跳，隨右後轉體、騰空外擺踢
270度；同時，兩掌依次拍擊右腳面。（圖71）

【動作提要】：騰空擺蓮要領同前；但必需同左二起、
帶腿、脫靴配合好，要一氣完成。

39. 鴻門射雁

左腳落地，左腿伸直，右腳落地，右腿屈膝半蹲成右弓步，同時，左掌變拳前下沖拳，右掌變拳收抱於腰間，目視前方。（圖72）

【動作提要】：要領同前。

圖72

40. 一化敞門

身體左轉，重心後移成左虛步，兩拳變掌，右手隨左轉體向前上與左掌胸前交叉，左手在裡，右手在外，均成立掌。（圖73）

上動不停，兩指掌向上，至頭上方時，分別向左右分撐，微高於肩，掌心向外，掌向上，目視前方。（圖74）

【動作提要】：左轉虛步時，左胯微後帶，左腳內扣。

圖73

41. 巧走擺勢

（1）右擺勢：重心前移，左腿屈膝，右腳用腳前掌扒地屈膝後抬；同時，右掌向下，向左

圖74

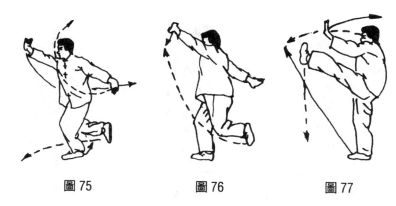

圖75　　　　　　圖76　　　　　　圖77

經腹前上架，左掌後下擺動。（圖75）

　　（2）左擺勢：右腳向前上步，屈膝，左腳腳前掌扒地，屈膝後抬；同時，左手向右經腹前上架，右手繼續從上向右、向下擺動。（圖76）

　　（3）右擺勢：動作同（1）。

　　（4）左擺勢：動作同（2）。

　　（5）右擺勢：動作同（3）。

　　【動作提要】：動作同第3勢，只做行進間，不做原地，演練時視演場地做3次或5次。

42. 左打單踢

　　右腿伸直，左腿向前挺膝擺踢；同時，左掌向下拍擊左腳面，右掌自然擺動。（圖77）

　　【動作提要】：左手拍腳前，應從胸前上伸、再下拍。

43. 右打二起

　　左腿屈膝，右腳蹬地騰空向前上擺踢；同時，右掌拍擊

圖 78　　　　　　　　圖 79　　　　　　　　圖 80

右腳面，左掌向左平擺。（圖 78）

【動作提要】：左單踢、右二起亦可做成騰空雙飛燕。

198

44. 帶腿、脫靴

左腳先落地，在右腳向下落地時，跳換屈膝上抬；同時，上體微右轉，右手向下拍擊左腳掌，左手收於腰間。（圖 79）

圖 81

上動不停，左腿前抬，左手向下拍擊左腳外側，右手自然擺動。（圖 80）

【動作提要】：要領同前，只左腳落地跳換。

45. 掤手擺蓮

上體微右轉，左腿微上抬內扣；同時，兩手上舉，在頭上方掤手，右掌在下。（圖 81）

上動不停，右腳跳地起跳，隨右後轉體，騰空向外擺踢

圖 82　　　　　　　圖 83　　　　　　　圖 84

270 度；同時，兩掌依次拍擊右
腳面。（圖 82）

【動作提要】：要領同前。

46. 鴻門射雁

動作同一路第 38 勢。（圖
83）

47. 梅花攬手

動作同一路第 39 勢。（圖
84、85）

48. 虛步挎虎

動作同一路第 40 勢。（圖
86）

圖 85

圖 86

圖 87　　　　　　　圖 88　　　　　　　圖 89

49. 謝步請示

動作同一路第 41 勢。（圖 87、88）

收 勢

動作同一路第 42 勢。（圖 89、90）

圖 90

第六路　地盤腿

　　地盤腿是十路拳中主要的地功套路，也是十路套路中難度最大的一路，因原套路與一路重勢較多，本書所述地盤腿在原有基礎上有所增刪，恢復地功本來面目。

　　主要動作由野馬分鬃、力劈華山、金龍翻身、金龍擺尾、順臥玉床、鯉魚打挺、橫掃千軍、趨步金鈎、巧臥側蹬、古樹盤根、併步雙封、雙撞雙砍、烏龍攪柱、旋風腳、滾身等動作組成。

　　本套路難度大，必須先把金龍翻身、順臥玉床、鯉魚打挺、古樹盤根、搶背滾身等動作練好，再學習套路，以免中途費時，顯得不連貫。

（一）套路歌訣

　　　　上步按掌左右分，霸王舉鼎力托天；
　　　　兩手托平胸前橫，分手出掌帶踢彈；
　　　　騎馬單襠橫鐵栓，謝步護頂右架拳；
　　　　野馬分鬃雙扯旗，疾退架掌臂掄圓；
　　　　穿袖單踢要擊響，旋風腳起空中旋；
　　　　騎馬單襠左架打，力臂華山掄砸拳；
　　　　金龍翻身倒撲虎，金龍擺尾攪連環；
　　　　順臥玉床倒踢鐘，鯉魚打挺奔眼前；
　　　　左封右打蹬山勢，橫掃千軍雙掄拳；
　　　　趨步金勾右幫肘，青龍擺尾畫半圓；
　　　　掃腿巧臥側蹬枝，平掃八方雙撐拳；

古樹盤根連三勢，護地挫腿左右連；
平掃八方橫鐵栓，蹬山晃捶掄架拳；
採摟踢打奔腳尖，轉身掄劈壓打拳；
併步雙封運兩掌，雙捶疾進先架彈；
併步雙封運兩掌，架踢砍掌奔腰間；
野馬分鬃車輪勢，雙掌翻飛臂掄圓；
穿袖單踢要擊響，旋風腳起空中旋；
騎馬單襠左架打，力劈華山搶砸拳；
金龍翻身倒撲虎，烏龍絞柱浪濤天；
一拉臥虎觀前敵，墊步搶背滾敵前；
穿手二起腳踢天，旋風腳起空中旋；
掤手擺蓮防前敵，鴻門射雁擊中盤；
梅花攪手上下翻，謝步請示招法完；
若問六路拳名姓，少林腿功名地盤。

（二）套路圖解

預備勢

動作同第一、二路。

1. 上步按掌

動作同第一、二路。

2. 霸王舉鼎

動作同第一、二路。

圖 1

圖 2

3. 兩手托平

動作同第一、二路。

4. 分手出掌

動作同第一、二路。

5. 上步撐掌

重心前移，右腳向左腳裡側上步，腳跟提起，腳前掌貼於左踝處，兩腿微彎曲；同時，兩掌收於腰間。（圖1）

上動不停，左腳向左橫邁一步、屈膝成馬步；同時，兩掌內旋，左、右立掌推出，目視右掌。（圖2）

【動作提要】：從分手出掌始，右上步的同時，兩手收於腰間，在左橫上馬步的同時，兩掌左右推掌。

6. 謝步護頂捶

上體直立，右腿提起向左腳後落地，左腳以腳跟為軸內

圖3

圖4

204

旋180度，兩腳屈膝成馬步；同時，身體右後轉體180度，右掌微內旋，向上隨轉體向右變拳架於頭上方，左掌變拳，經左腰間隨轉體向左直臂沖拳，目視左側。（圖3）

【動作提要】：轉身、撤步、架沖拳要一致。

圖5

7.野馬分鬃

（1）身體直立，左腳抬起後退一步，右腳微內扣；同時，上體微左轉，兩拳變掌，左掌向上、向後，隨轉體向左斜下方抓擺，右掌右下擺動。（圖4）

（2）上體微右轉，右腳抬起後退一步，右手向前、向上，經頭上方向後，擺於右下方，左腳左手不動。（圖5）

（3）上體微左轉，左腳抬起後退一步，左掌向上、向後，經頭上方擺於左下方，右腳右手不動。（圖6）

圖6

圖7

【動作提要】：動作同前。

8. 穿袖單踢

左腳向前上步，屈膝成左弓步，右腿蹬直；同時，左掌屈肘外旋，經左胸側直臂前穿掌；右掌外旋，向左屈肘平擺，在左穿掌時，擺於左腋下。（圖7）

圖8

上動不停，重心前移，左腿支撐，右腳向前上方擺踢，腳面繃平；同時，右掌向下、向右、向上、向下拍擊腳面，左掌變拳收抱於腰間。（圖8）

【動作提要】：動作同前。

9. 旋風腳

右腳落地內扣，重心前移，左腿微彎曲，腳跟提起，右掌變拳，左拳擺於右胸前。（圖9）

上動不停，重心前移，左腿屈膝後抬，右腿蹬地起跳，

圖 9　　　　　　　圖 10　　　　　　　圖 11

騰空左後轉體一周；同時，左手攔
擊右腳掌。（圖10）

　　【動作提要】：動作同前。

206

10. 馬步架打

圖 12

　　兩腳落地屈膝成馬步；同時，
左掌變拳，向上、向左，架於頭上
方，右拳向右直臂沖拳，拳心向
下，目視右側方。（圖11）

　　【動作提要】：動作同前。

11. 力劈華山

　　重心右移，左腿伸直，同時上體微右轉，左拳向下，經
胸前擺於體左下側，右拳隨轉體右擺。（圖12）

　　上動不停，身體左轉，重心前移，左腳外展，左腿伸
直，右腿屈膝前抬；同時，左拳向右、向上，隨轉體向左下
擺動，拳心向下，右拳隨轉體擺架於頭上方，拳心向外。

圖13　　　　　圖14　　　　　圖15

（圖13）

　　上動不停，右腳向下震腳成
併步，兩腿屈膝半蹲；同時，
左拳變掌外旋裡抄，右拳向下
砸拳，拳背砸擊左掌心，目視
右拳。（圖14）

　　【動作提要】：在架打後，
左拳要借右移重心時，向左直
臂反擊一下後再掄拳，右提膝

圖16

要和右上掄拳一致，併步砸拳稍向胸前。

12. 金龍翻身

　　腰部立直，腹內提氣，兩腳用力蹬地；同時上體微右
轉，兩拳變掌，向上伸舉過頂。（圖15）

　　上動不停，身體右後倒懸翻轉，至頭向下時，兩臂向下
伸，兩手先按地，抬頭、挺胸、腰部後屈。（圖16）

　　上動不停，扶地後，以胸部、腹部和兩腿依次著地，成

圖 17

圖 18

俯臥姿勢；同時兩掌變拳內
旋，以前小肘撐地。（圖
17）

圖 19

【動作提要】：金龍翻身
是十路少林拳中翻轉動作難度
最大的一勢。演練時要注意蹬
地騰空後轉、翻身、撲虎、俯
撐幾動一氣呵成，才能做得完
整。在初學時應按分解動作練習熟練後，再連貫，以防創
傷；或者在沒掌握好的情況下，先改做翻身側摔亦可。

13. 金龍攪尾

重心右移左轉，左腳勾踢至胸前左上擺動。（圖 18）

上動不停，身體左旋轉，左側部著地，左腳隨轉體繼續
左擺動；同時，右腳向右、向上、向左下絞擺。（圖 19）

上動不停，右腳繼續向前、向面部上方、向右、向後擺
回；同時，身體右旋轉體，左腳繼續向前，經胸上方，向下

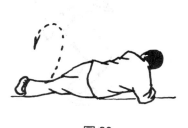

圖20

圖21

剪絞擺回成側臥。（圖20）

【動作提要】：兩腿應借
轉身踢擺、絞壓。

14. 順臥玉床

身體左轉，左腳隨轉體直
膝上擺。（圖21）

圖22

209

上動不停，身體繼續左轉
成仰臥，肩部著地，左腳擺至正上方時，屈膝下踏，背部懸
空；同時右腳腳面繃直，挺膝上踢。（圖22）

【動作提要】：順勢仰臥時，左腳擺正下踏時盡量離臀
部近一些，背部懸起，右腳順臥上踢要腿直腳繃。

15. 鯉魚打挺

左腳蹬地向上擺腿，與右腳一起向後、向下擺動，使臀
部、腰部離開地面，兩腿膝部接近頭部，兩掌分置於兩胯側
或肩上側，目視兩腳。（圖23）

圖 23

圖 24

上動不停，迅速挺腹，兩
腿下打，上體躍起。（圖24）

【動作提要】：注意打
腿、挺腹，頭不要過早前抬；
初學時最好先練兩手反插肩
下，在打腿挺腹的同時推掌，
以助其勢。

圖 25

16. 弓步壓打

重心前移，右腳向前上步，右腿屈膝成右弓步，左腿蹬
直；同時，兩掌變拳，左拳在胸前壓拳後收回腰間，右拳直
臂前沖，目視前方。（圖25）

【動作提要】：壓打要先壓後沖。

17. 回身掃拳

身體左後轉，重心左移，左腿屈膝成左弓步，右腿挺膝
蹬直，同時，兩拳隨轉體向左擺拳。（圖26）

圖 26

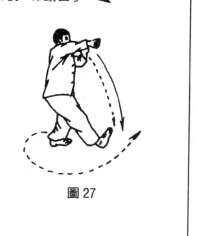

圖 27

【動作提要】：左、
右弓步轉換要快，兩拳同
時隨轉體平掃，拳心均向
下。

18. 幫肘金鉤

右腳向左腳前，腳跟
擦地勾踢；同時，右臂向

圖 28

右撐肘，拳心斜向右下，左拳隨右肘向右，附於右腕裡側，
拳心向下，目視右拳。（圖 27）

【動作提要】：上體要擰轉，右勾踢、右幫肘要同時。

19. 青龍擺尾

重心下降右移，上體左後轉，右腿屈膝半蹲，左腿挺膝
後掃，腳跟擦地，同時兩手扶地。（圖 28）

【動作提要】：此動不要全蹲後再掃，要左腿挺直，邊
重心下降、邊轉邊後掃，只掃半掃腿。

圖 29

圖 30

20. 伏地前掃

重心左移，左腿屈膝全蹲，右腿仆地伸直，向前扶地半掃腿，腳尖內扣，兩手扶地。（圖 29）

【動作提要】：動作同前。

圖 31

21. 穿腿蹬枝

重心左移，右腳屈膝裡合。（圖 30）

上動不停，左腳蹬離地面，上體向右翻轉，同時，右腳前掌著地，右腿屈膝下蹲，在翻轉和右腳跳換之時，左腳向左上勾腳猛力蹬出，上體側傾，兩手扶地，目視左腳。（圖 31）

【動作提要】：此動一定要和前動半掃腿配合好，半掃腿掃後應及時右移重心，屈膝裡合，然後向左上穿腿蹬踢。

圖32

圖33

22. 伏身掃腿

重心左移，左腿落地平撲，腳尖內扣，右腿屈膝全蹲；同時右掌向上擺架於頭上方，左掌擺於右胸側成側立掌，目視左前方。（圖32）

圖34

上動不停，重心前移，兩手扶地，左腿屈膝全蹲作軸，右腿伸直，腳尖內扣，迅速掃轉一周。（圖33）

【動作提要】：動作同前。

23. 馬步撐捶

重心右移，左腿伸直後半掃。重心左移，兩腿屈膝成馬步，同時兩掌變拳，經腰間分別左右直臂沖拳，拳眼向上，拳輪向下，高與肩平，目視左側方。（圖34）

【動作提要】：動作同前。

圖 35

圖 36

24. 古樹盤根

　　重心左移，左腿屈膝全
蹲，右腿伸直；同時，兩拳變
掌左前扶地，右腳腳掌擦地，
隨轉體前掃半周。（圖 35）

圖 37

　　上動不停，右腳繼續掃
轉，腳微外展，同時上體右
傾，兩手迅速抬起，右腿掃過
後，在體右側扶地。（圖
36）

　　上動不停，左腳蹬離地
面，右腿繼續後掃，微屈膝內
收。（圖 37）

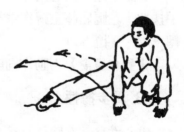

圖 38

　　上動不停，左腳落地，屈
膝全蹲，右腿繼續向右、向前掃擺，兩手體前扶地。（圖
38）

25. 古樹盤根

文圖同上勢。

26. 古樹盤根

文圖同上勢。

圖 39

【動作提要】：古樹
盤根亦稱磨盤掃腿；是掃
腿動作中難度較大的一
勢，演練時一般要連做三
遍；在練習過程中掃擺、
屈扣、換手、抬換步、繼
續掃轉一定都要銜接好，
特別連做三次，每次間隙
用力尤為重要。

圖 40

27. 護地剪腿

重心右移，右腿屈膝
全蹲，左腿伸直，同時兩
手前伸。（圖 39）

上動不停，兩手扶
地，兩腳蹬離地面前插成
剪勢，上體屈肘、側俯，
目視左腳。（圖 40）

圖 41

上動不停，上體微起，左腳向後，右腳向前做剪絞動
作。（圖 41）

圖 42

圖 43

上動不停，左腳向前，右腳向後做剪絞動作。（圖42）

【動作提要】：動作同前。

216

圖 44

28. 伏身掃腿

上體內旋成俯臥，兩臂撐起，同時，兩腳蹬地內收，左腿屈膝收於胸前，腳掌著地，右腿擺收於體右側。（圖43）

上動不停，上體直起，左腳落地，左腿屈膝全蹲，右腿仆地伸直，隨左後撐轉，迅速掃轉450度，兩手轉體後扶地。（圖44）

【動作提要】：動作同前。

29. 馬步撐捶

重心右移，兩腿屈膝成馬步；同時，兩掌變拳，經腰間分別左右直臂沖拳，拳眼向上，拳輪向下，高與肩平，目視左側方。（圖45）

圖45

圖46

【動作提要】：動作同前。

30. 搖膀晃捶

上體左轉，左腳外展，右腳
內扣，右腿蹬直成左弓步，同時
右拳向下，隨轉體向前掄擺，左
拳向上、向後掄擺。（圖46）

上動不停，右拳繼續向上、
向後掄擺，左拳繼續向前掄擺，
目視前方。（圖47）

【動作提要】：動作同前。

31. 弓步沖拳

右拳屈臂收於腰間後，內
旋、向前直臂沖拳，同時左拳外
旋收抱於腰間，目視前方。（圖
48）

圖47

圖48

圖 49　　　　　圖 50　　　　　圖 51

【動作提要】：動作同前。

32. 採擄踢打

重心前移，左腿支撐，右腳向前蹬踢，同時，右拳變掌，以腕為軸採抓成拳，收抱於腰間，左拳內旋前沖，目視前方。（圖49）

【動作提要】：動作同前。

圖 52

33. 掄劈壓打

右腿屈膝，右拳後擺。（圖50）

上動不停，右拳向前、向上掄擺，同時，左拳屈肘擺插於右腋下。（圖51）

上動不停，身體右後轉，右拳繼續向上，隨轉體向下、向後擺動，左拳向下、向前、向上擺架於頭上方。（圖52）

上動不停，右腳向下震腳，與左腳併步，兩腿屈膝半蹲；同時，左拳下壓，落於右胸前，右拳屈肘經腰側在左拳

壓過後，直臂向前沖拳，目視前方。
（圖53）

【動作提要】：此動由插捶、掄臂、轉身、震腳、壓打、沖拳動作組成，演練時每一分解動作都要做得清晰，成為一體。

圖53

34.併步雙封

兩拳變掌，同時下按，掌心向下，掌指相對，目視兩掌。（圖54）

【動作提要】：兩拳變掌下按，先應右手內屈，左手外展，邊運行邊下按。

35.架踢撞拳

上體直立，右腿支撐，左腿屈膝前抬；同時兩掌交叉上架。（圖55）

上動不停，右腳蹬地前彈，左腳跳換落地；同時，兩掌分別左右分手收於腰間，掌心向前，掌指向下，目視前方。（圖56）

上動不停，右腳向前落步，右腿屈膝成跪步，左腳腳跟提起；同時，兩掌變拳內旋，直臂向前撞拳，拳心向下，目視前方。（圖57）

【動作提要】：此動是由提膝架

圖54

圖55

圖 56

圖 57

220

掌、跳換步彈踢、跪步撞拳三勢聯成，
難度在跳換踢接跪步撞拳，在初練時可
不做彈踢，做成提膝架掌接跨跪步雙撞
拳。

36. 併步雙封

　　左腳向前上步成併步，兩腿屈膝半
蹲；同時，兩拳變掌下按，掌心向下，
掌指相對，目視兩掌。（圖 58）

　　【動作提要】：上步半蹲與雙封要
一致。

圖 58

37. 架踢砍掌

　　上體直立，左腿支撐，右腿屈膝前
抬，同時，兩掌交叉上架。（圖 59）

　　上動不停，左腳蹬地前彈，右腳跳
換落地；同時，兩掌分別左右分手收於

圖 59

腰間，掌指向下，目視前方。
（圖60）

上動不停，左腳向前落步，左腿屈膝成跪步，右腳腳跟提起，同時，兩掌分別向外、向前、向裡砍掌，掌心向上，掌指向前，微高於肩，目視前方。（圖61）

【動作提要】：前半動同架踢撞拳，後半動兩掌由外向裡砍掌，一要兩掌根用力，一要控制兩掌不要砍在一起，兩掌距離與肩同寬即可。

38.野馬分鬃

上體立起微右轉，右腿蹬直，左腿屈膝成左弓步；同時，右掌隨起身內旋向上、向體右下側抓擺，左掌內旋下按，目視右掌。（圖62）

重心後移，左腳抬起後退一步，左掌向上隨轉體向體左下側抓擺，右掌隨體前擺，目視左掌。（圖63）

重心後移，右腳抬起後退一步，右掌向上隨轉體向體右

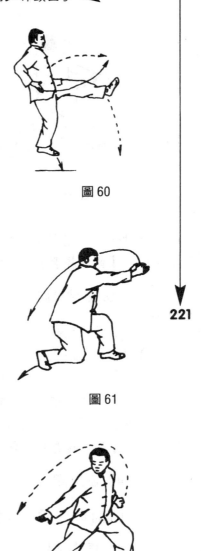

圖60

圖61

221

圖62

圖63 圖64

下側抓擺，左掌收於腰間，目視右掌。（圖64）

【動作提要】：動作同前。

39. 穿袖單踢

上體微左轉，右掌外旋屈肘裡擺於左腋下，同時左掌直臂前穿。（圖65）

上動不停，重心前移，左腿支撐，右腳向前擺踢，腳面繃平，同時，左掌內旋向左平擺，右掌向下、向右、向上、向下拍擊腳面。（圖66）

【動作提要】：動作同前。

40. 旋風腳

動作同第9勢，唯方向相反。（圖67、68）

41. 馬步架打

動作同第10勢，唯方向相反。（圖69）

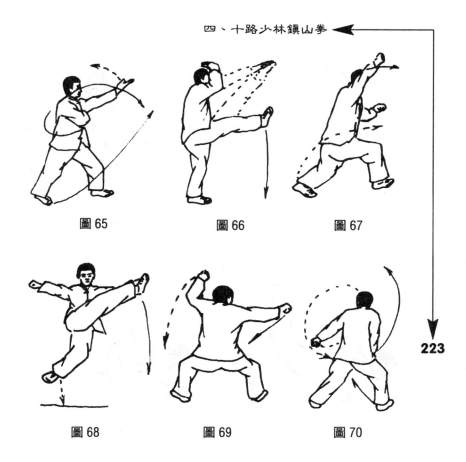

圖 65　　　　　　圖 66　　　　　　圖 67

圖 68　　　　　　圖 69　　　　　　圖 70

42. 力劈華山

動作同第 11 勢，唯方向相
反。（圖 70、71、72）

43. 金龍翻身

動作同第 12 勢，唯方向相
反。（圖 73、74、75）

圖 71

圖72　　　　　　　　圖73

圖74　　　　　　　　圖75

44. 烏龍攪柱

　　身體右轉側臥，左腿略收，右腳落於左腳後方，兩臂分置於體前側，背部、肩部、臀部著地。（圖76）

　　上動不停，身體左後翻轉，左腿由後向前貼身平

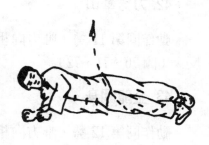

圖76

圖 77

圖 78

掃，隨體左擺，同時，右腿向右擺起，身體隨之翻仰，兩腿上舉相絞，重心提起，肩、頭、手著地。（圖 77、78、79）

圖 79

【動作提要】：烏龍絞柱在此套路中也是難度較大的一動，初練前要先把此動作掌握再整套練，左右勢亦可都練，如練右勢時，在兩腿上舉相絞和重心提起，肩手著地時微轉即可。

45. 虛步臥勢

兩腿相絞下落，兩手撐地，右腿膝屈半蹲，左腿彎曲，前腳掌著地。（圖 80）

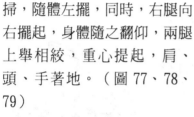

圖 80

225

圖 81

圖 82

上動不停，左腳向前上步，腳跟提起成虛步；同時，右掌向右、向上擺架於頭上方，左掌屈肘裡擺於右胸前成側立掌，目視前方。（圖 81）

【動作提要】：同前幾路虛步臥勢相同，只是在接烏龍絞尾時，在掌握程度或左右取勢上要注意銜接。

圖 83

46. 掄背滾身

左腳向前上步，右腳向左腳前上一步，左腳向上方擺起，右腿蹬地；同時右掌下按，右肩向前著地，團身向前滾翻，兩腿屈膝，肩、背、臀依次著地，迅速起身。（圖 82、83、84）

圖 84

47. 穿手二起

動作同第一路。

48. 旋風腳

動作同第一路。

49. 掤手擺蓮

動作同第一路。

50. 鴻門射雁

動作同第一路。

227

51. 梅花攪手

動作同第一路。

52. 虛步挎虎

動作同第一路。

53. 謝步請示

動作同第一路。

收 勢

動作同第一路。

第七路　七星架

　　七星架是由套路中七星勢和路線走七星而為名。又因套路中梅花手接勢動作較多，所以亦有叫梅花拳的。

　　本路主要動作由梅花手轉掌、梅花手七星、梅花手栽捶、白鶴亮翅、四進結捶、敞門、掛塔、坐虎勢、餓虎撲食、擺蓮七星、披掛掌、金剛搗碓、霸王舉鼎、大纏等動作組成。全套路線為一七星圖。

（一）套路歌訣

　　　　上步按掌左右分，霸王舉鼎力托天；
　　　　兩手托平胸前橫，分手出掌帶踢彈；
　　　　上步玉柱庭中站，順拉小請招法先；
　　　　梅花轉手雙撐掌，梅花轉手七星拳；
　　　　雙採彈踢奔撩陰，蹬山刺掌力推山；
　　　　旋風腳起轟天雷，鴻門射雁擊中盤；
　　　　金雞獨立雙搖掌，穿手二起巧栽拳；
　　　　梅花轉手接歇步，白鶴亮翅獨腳懸；
　　　　四進結捶連進勢，掛塔單踢巧栽拳；
　　　　四進結捶連進勢，展翅坐虎把路攔；
　　　　穿手左右二起腳，鷂子回頭左旋彈；
　　　　猛虎尋食大撲地，採手接打蹬山拳；
　　　　採擄獻打左右勢，回身掤手雙擺蓮；
　　　　魁星獻斗七星架，四進結捶連進拳；
　　　　上步掛塔擒拿手，風擺荷葉端下盤；

摟手蹬踢奔腹間，上步披掛掌連環；
肘腿接打旋風腳，金剛搗碓雙震拳；
霸王舉鼎力托天，左右連進使大纏；
上步採手掌推山，梅花攬手上下翻；
謝步請示道名姓，少林七路七星拳。

（二）套路圖解

1. 上步按掌

同二路。

2. 霸王舉鼎

同二路。

3. 兩手托平

同二路。

4. 分手出掌

同二路。

5. 上步玉柱

同二路。

6. 順拉小請

右腳向後退一步，挺膝伸直，全腳著地，左腿屈膝半蹲成左弓步，同時，右掌向後、向右、向前直臂砍掌，掌心向

圖1

圖2

圖3

上，高與肩平，左掌外旋掌心向上（圖1）

上動不停，重心後移，右腿屈膝下蹲，左腿彎曲，左腳跟提起，腳前掌著地，同時左掌內旋直推，掌心向前，右掌順左臂下，向裡，經腹前向後、向上擺架於頭上方成橫掌，掌指向左，目視前方。（圖2）

圖4

【動作提要】：右砍掌要和右退步一致，左推掌、右架掌要和左虛步一致。

7. 梅花手轉掌

身體直立，左腳踏實，右腳向左腳前上步，腳內扣，同時，左掌外旋，掌心向上，右小臂落於左小臂上。（圖3）

上動不停，身體左轉 90 度，左腿提起向右腿後橫插一步，屈膝下蹲成歇步，同時，兩臂相絞，托於胸前。（圖4）

圖5

圖6

圖7

上動不停，左右掌外旋，同時收於胸前，直臂左右推出，掌心均向外，掌指向上，目視前方。（圖5）

【動作提要】：上步轉身要和梅花攬手配合好，絞手後交叉下蹲，坐盤後再撐掌。

8.梅花手七星

圖8

身體直立，左掌外旋向下、向右上擺於胸前，右掌向上、向右下擺扣於左小臂上，左掌心向上，右掌心向下。（圖6）

上動不停，以兩腳腳跟為軸，身體左後轉體360度，左腿在前，右腿在後，膝部微彎曲，腳跟提起，同時，兩臂隨轉體相絞，左手在裡，右手在外。（圖7）

上動不停，兩腿屈膝下蹲成歇步，同時兩掌分別向兩側後擺，經胯側變拳，向後、向前上對拳，兩拳面相對，拳心向外，高與頭平，目視兩拳。（圖8）

【動作提要】：轉身和梅花手要連貫，邊轉邊攪手，轉坐盤後再下磕對拳。

9. 採手彈踢

身體直立，兩拳變掌外旋。（圖9）

圖9

上動不停，左腿支撐，右腿由屈到伸從後向前彈踢，腳面繃平，同時兩掌外旋抓握成拳，收手兩腰側，目視前方。（圖10）

【動作提要】：採手時，兩拳變掌，由兩手指交叉始，以腕為軸，旋手握拳後帶。

10. 活步刺掌

右腳向下落步踏實，屈膝成右弓步，左腿挺膝伸直，同時兩拳變掌，右掌內旋，直臂前推，左掌內旋屈肘上提，目視前方。（圖11）

圖10

上動不停，右腳微抬下震，腳尖微外展，左腳向前上步，屈膝成左弓步，右腿挺膝伸直，同時左掌直臂前推，右掌屈肘收

圖11

圖12　　　　　　圖13　　　　　　圖14

回，目視前方。（圖12）

　　【動作提要】：同前。

11. 旋風腳

　　右腳向前上步，腳尖內扣，右腿屈膝，左腿彎曲，腳跟提起，同時右臂自然彎曲，右上擺於頭右側，左手屈肘平擺於右胸前。（圖13）

圖15

　　上動不停，重心前移；左腿屈膝後抬，右腿蹬地起跳，騰空左後轉體一周，同時左手攔擊右腳掌。（圖14）

　　【動作提要】：同前。

12. 鴻門射雁

　　左腳落地，左腳挺膝蹬直，右腳右落，右腿屈膝半蹲成右橫襠步，同時兩掌變拳，左拳向前斜下沖拳，右拳外旋屈肘收抱於腰間，目視前下方。（圖15）

【動作提要】：同前。

13. 提膝搖掌

身體直立，重心移於左腿，右腳微後收，同時右拳變掌前擺，左拳變掌後擺。（圖16）

圖16

上動不停，上體微右轉，右掌向上、向後、向下擺動，同時左掌向下、向前、向上擺動。（圖17）

上動不停，重心前移，右腿支撐，左腿屈膝前抬，同時右掌繼續向下，經腰側直臂前推，掌心向前，掌指向上，高與肩平，左掌繼續向上，向後擺動，掌心向後，掌指向上，高與肩平，目視前方。（圖18）

圖17

【動作提要】：搖掌後，在左腿屈膝前抬時，右手同時前推掌，上體微左轉，左右掌要求一條線。

14. 穿手二起

左腳落地後，右腳接著向前上一步，腿微屈前弓，左腳腳跟提起，同時左掌外旋前穿，右掌

圖18

234

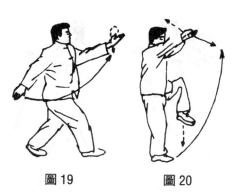

圖 19　　　　圖 20　　　　圖 21

235

向下、向後擺動。（圖 19）

上動不停，右腿支撐，左腿屈膝前抬，同時左掌內旋，掌心向下，右掌由後向前、向上用掌背頂擊左掌心。（圖 20）

上動不停，右腳蹬地向前上騰空擺踢，腳面繃平，同時右掌向前拍擊右腳面，左掌左擺，目視右腳，（圖 21）

圖 22

【動作提要】：同前。

15. 歇步栽拳

兩腳依次落地，左掌前伸，右掌變拳收抱於腰間。（圖 22）

上動不停，上體微左轉，右腳內扣，左腳提起經右腿後向右橫插，兩腿屈膝成歇步，左腳腳跟提起，臀部坐於左小腿上，同時左掌握拳屈肘後帶，拳心向下，右拳內旋直臂向

圖 23　　　　　　　圖 24　　　　　　　圖 25

右下沖拳，拳心向下，目視右拳。
（圖 23）

【動作提要】：二起落地後，左
手前伸時，左轉和左插步要同時，左
採、右沖和交叉下蹲要一致。

16. 梅花手栽拳

身體直起左轉 90 度，同時，左
拳變掌外旋外擺，右拳變掌，向上、
向左擺扣於左小臂上，掌心向下。（圖 24）

圖 26

上動不停，上體繼續左轉 180 度，同時兩臂胸前相絞。
（圖 25）

上動不停，兩腿屈膝下蹲成歇步，右腳腳跟提起，同時
兩掌變拳，左拳屈肘後收，右拳內旋直臂向右下方沖拳，拳
心向下，目視右下方。（圖 26）

【動作提要】：轉身過程中兩手相交，形成交叉步時，
兩手已攬完抱於胸前。

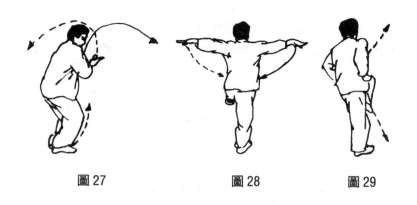

圖27　　　　　圖28　　　　　圖29

17. 白鶴亮翅

身體直起，右腳抬起後向下震腳，兩腿彎曲，兩拳變掌胸前交叉相抱，掌心斜向裡。（圖27）

上動不停，上體左轉90度，挺膝伸直，左腳內扣，左腿屈膝前抬，同時兩掌上架至頭上方時，分別向兩側擺伸，高與肩平，目視前方。（圖28）

【動作提要】：震腳時，上體微下蹲，直立與轉體、提膝、亮掌一致。

18. 四進結捶

兩掌外旋變拳，收抱於腰間。（圖29）

上動不停，左腳向前落步，屈膝成左弓步，右腿挺膝蹬直，同時左拳內旋直臂前沖。（圖30）

上動不停，上體左轉，右腳向前

圖30

跨步，同時左腳抬起經右腿後插步，右拳內旋右沖拳，左拳外旋收抱於腰間。（圖31）

圖31

上動不停，上體轉體270度，重心前移，左腿屈膝成左弓步，右腿挺膝蹬直，同時左拳上架，右拳內旋直臂前沖，目視前方。（圖32）

【動作提要】：上跨步落地後右腳要內扣，左腳插步要輕，腳跟要抬起，轉身後左拳要從下往上架，同時右沖拳。

238

19. 掛塔擒手

左腿支撐，右腳腳跟擦地，向左前勾踢上掛，同時左拳變掌，向下、向左擺動，右拳變掌，屈肘向左擺後，直臂向右、向後格擺，目視右側。（圖33）

圖32

上動不停，右腳向右後擺撐落於原地，挺膝蹬直，左腿屈膝半蹲成左弓步，同時右掌外旋向前直臂橫斬或按掌，左掌屈肘擺於右肘側，目視前方。（圖34）

【動作提要】：右腳前勾踢，後擺撐要與上肢配合好，右腳後擺時，腳跟先用力外撐，橫斬為後拌，按掌為擒拿。

圖33

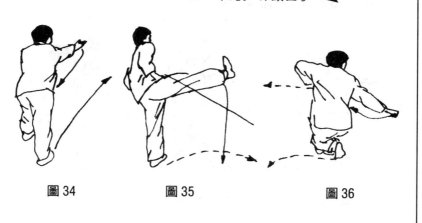

圖 34　　　　　圖 35　　　　　　圖 36

20. 分手單踢

左腿支撐，右腿屈膝提起後向右側蹬踢，同時兩掌交叉上架後分手抓握成拳，收抱於腰間，目視右側。（圖 35）

【動作提要】：同前。

圖 37

239

21. 歇步栽捶

右腳下落踏實，左腳抬起後向右經右腿後插步，兩腿屈膝成歇步，左腳腳跟提起，同時右拳內旋直臂向右側下方沖拳，左肘上提，目視右側。（圖 36）

【動作提要】：同前。

22. 四進結捶

身體直起左轉，左腳抬起向左上步成左弓步，右腿挺膝蹬直，同時左拳直臂左沖拳，右拳屈肘回收。（圖 37）

圖 38

圖 39

圖 40

240

上動不停，上體左轉，右腳向前跳跨步，腳尖內扣，左腳抬起向右插步，腳跟抬起，同時右拳內旋向右沖拳，左拳外旋屈肘收回。（圖38）

上動不停，左後轉體270度，左腿屈膝成左弓步，右腿挺膝蹬直，同時左拳上架於頭上方，右拳內旋直臂前沖，目視前方。（圖39）

【動作提要】：同前。

圖 41

23. 坐虎勢

左拳變掌向左、向下、向右、向上抄架，掌心向前，右拳變掌向右、向後、向前收抱於腰間。（圖40）

上動不停，右腳抬起向前在左腳裡側下跺，兩腿屈膝半蹲，同時左掌向後架於頭上方，掌心向上，右掌內旋直臂前推，掌低於肩，目視前方。（圖41）

【動作提要】：震腳要和右推掌一致，右肩微前探。

圖 42　　　　　圖 43　　　　　圖 44

24. 左右二起腳

右腿支撐，左腿屈膝前抬，同時左手前擺，右手後擺。（圖42）

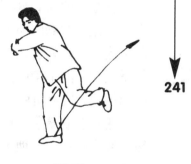

圖 45

上動不停，右腿蹬地起跳，騰空後前擺踢，同時右手前擺，用掌心拍擊右腳面，左掌左擺。（圖43）

上動不停，左腳落地後，接著蹬地起跳，騰空向前擺踢，同時左手用掌心拍擊左腳面，目視左腳。（圖44）

【動作提要】：右拍腳後，應彎曲提膝，不要落地，在重心下移，左腳蹬地時，右腿應前抬，以助左腳蹬地。

25. 鷂子左旋

右腳落地踏實，左腿屈膝後抬，同時上體左轉，左手屈肘裡收，右手下擺。（圖45）

上動不停，右腳蹬地起跳，騰空左轉，向右蹬踢，目視右側。（圖46）

【動作提要】：同右翻身跳踢，唯左右相反。

26.餓虎撲食

右腳右落地，重心移於左腿，同時右掌前擺。（圖47）

上動不停，右腳微抬下震，腳尖外擺，左腳向前上步平仆，腳尖內扣，右腿屈膝全蹲，同時兩掌向左，隨上步向前、向下在體前拍地，目視兩掌。（圖48）

【動作提要】：兩腳落地後，要震腳前下撲地，右蹲和掃地要一致。

27.接打蹬山

重心前移，左腿屈膝半蹲成左弓步，右腿挺膝伸直，同時左掌向前、向左摟手握拳抱於腰間，右掌變拳，隨重心前移直臂向前沖拳，目視前方。（圖49）

【動作提要】：同前。

圖46

圖47

圖48

圖 49

圖 50

28. 左右踢打

重心前移，左腿支撐，右腳向前蹬踢，腳尖勾起，腳高於腰，同時，左拳內旋直臂前沖，右拳外旋收抱於腰間。（圖 50）

上動不停，重心前移，右腳落地支撐，左腳向前蹬踢，腳尖勾起，腳高於腰，同時右拳內旋直臂前沖，左拳外旋收抱於腰間，目視前方。（圖 51）

【動作提要】：同前。

29. 掤手擺蓮

左腳前落，腳尖內扣，右腳向右扇面擺踢；同時轉體 180 度，兩拳變掌，先掤手，再依次拍擊腳面，目視右腳。（圖 52）

圖 51

圖 52

【動作提要】：同前。

30.魁星獻斗

右腳落地支撐，左腿屈膝左前抬，腳面繃平，同時兩掌變拳，左拳屈肘上托，拳心向裡，肘尖頂於膝蓋上，右拳向後，向上擺架於頭右側，拳眼斜對左拳輪，目視左前方。（圖53）

圖 53

【動作提要】：擺蓮落地後，上體微右轉，左側正對前方。

31.四進結捶

左腳向前落步，屈膝成左弓步，右腿挺膝蹬直，同時左拳內旋前沖，右拳外旋下落於腰間。（圖54）

上動不停，上體左轉，右腳向左前跨跳一步，腳尖內扣，左腳抬起向右插步，腳跟抬起，同時，右拳內旋向右沖拳，左拳外旋屈肘收回。（圖55）

圖 54

上動不停，左後轉體270度，左腿屈膝前弓成左弓步，右腿挺膝蹬直，同時，左拳上架於頭上方，右拳內旋直臂前沖，目視前方。（圖56）

【動作提要】：同前。

圖 55

圖 56　　　　　圖 57　　　　　　圖 58

32. 掛塔擒手

　　左腿支撐，右腳腳跟擦地，向左前
勾踢上掛，同時左拳變掌向下、向左擺
動，右拳變掌屈肘向左擺後再向右、向
後格擺，目視右側。（圖57）

　　上動不停，右腳向右後擺撐落於原
地，挺膝蹬直，左腿屈膝半蹲成左弓
步，同時，右掌外旋向前直臂橫斬（或
按掌），左掌屈肘擺於右肘側，目視前方。（圖58）

　　【動作提要】：同前。

33. 分手單踢

　　重心右移，左腳向右腳右側上步成蓋步，右腳跟抬起，
同時兩掌胸前交叉。（圖59）

　　上動不停，兩掌上架至頭上方。同時向兩側分手抓握成
拳，收抱於腰間。（圖60）

245

圖 59

圖 60　　　　　　圖 61　　　　　　圖 62

上動不停，左腿支撐，右腳
抬起向右蹬踢，上體微左傾，目
視右側。（圖 61）

246

【動作提要】：同前。

34.風擺荷葉

右腳向右落步，兩腿支撐，
同時兩拳變掌右伸。（圖 62）

圖 63

上動不停，左腳抬起向右腿
後插步，兩腿彎曲成歇步，同時兩掌向上、向左、向下、向
右揄掌，右掌掌心斜向下成橫掌，左掌掌心向右，掌指向
上，目視右側。（圖 63）

【動作提要】：動作同五路揄掌前動，只是下肢動作做
插步，不下蹲。

35.回身單踢

身體起立左轉，右腿支撐，左腿向左蹬踢，目視左前

方。（圖64）

【動作提要】：同前。

36.披掛掌

（1）**左披掛**：左腳向前落步，屈膝成左弓步，右腿蹬直，同時，左掌向左，向後用掌背擊後腰部，右掌向左屈肘拍擊左肩部。（圖65）

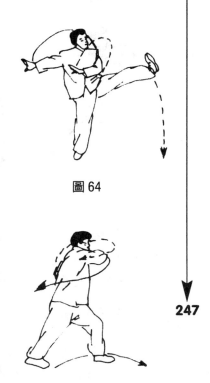

圖64

（2）**右披掛**：右腳向前上步，屈膝成右弓步，左腿蹬直，同時右掌向右、向後用掌背拍擊後腰部，左掌向前、向右屈肘拍擊右肩部。（圖66）

（3）**回身披掛**

上體左後轉180度，左腿屈膝成左弓步，右腿蹬直，同時，左掌隨轉身向右、向後用掌背拍擊後腰部，右掌隨轉體向左屈肘拍擊左肩部，目視前方。（圖67）

247

圖65

【動作提要】：前兩動為進步披掛，三動為轉身披掛，披掛時，上體微前傾。

37.接打肘腿

左腿支撐，右腳上抬，腳尖勾

圖66

圖 67　　　　　　　圖 68　　　　　　　圖 69

起，腳跟擦地向左前掛踢，同時，兩掌左前引伸，向右後採抓，目視前方。（圖68）

【動作提要】：同前。

248

38. 半旋風腳

右腳落地內扣，右腿微屈，左腿蹬伸，腳跟抬起，同時兩掌半握拳上抬。（圖69）

上動不停，左腳抬起，右腳蹬地擺踢，騰空左轉180度，同時左手攔擊右腳掌。（圖70）

【動作提要】：旋風腳只打半周。

39. 金剛搗碓

兩腳依次落地，屈膝成馬步，同時兩掌變拳，屈肘上提到肩部前，向下隨屈膝下蹲之時震拳，拳面相對，拳心均向下，目視兩拳。（圖71）

【動作提要】：右腳落地要震腳，

圖 70

圖71　　　　　圖71（附）　　　　圖72

左腳再微抬一次，落地與下震拳一
致。

40. 霸王舉鼎

下肢不動，兩拳外旋同時上舉，
拳面斜對拳掄向上，目視兩拳。（圖
72）

【動作提要】：馬步不動，只兩
拳上舉，眼隨兩拳。

41. 連進大纏

（1）左大纏
上體微起左轉，右腿蹬伸，同時
兩拳變掌，左掌隨轉體向左、向下擺
動，右掌下落至體右側。（圖73）

上動不停，左手繼續向右、向上
擺動。（圖74）

圖73

圖74

249

上動不停，身體左轉 90
度，左腳外展，右腳上步內扣，
兩腿屈膝成馬步，同時左掌外旋
裡合，右掌向右、向上隨轉體屈
肘裡合，左手在外，右手在裡，
兩掌心均向裡。（圖 75）

圖 75

上動不停，左掌向上、向左
擺架於頭左側，同時右掌內旋直
臂向右橫擊掌，掌根向外，目視
右掌。（圖 76）

【動作提要】：左手擺、纏
要和左擺步、轉身相配合，右上
馬步要和架推拳一致。

（2）右大纏

上體微起右轉，右腳微抬，
腳尖外展後下落，左腿微彎曲，
腳跟抬起，同時右掌隨轉體向
上、向右、向下、向左上抄掄一
立圓，掌心斜向裡，左掌隨轉
體，經頭部後左下落於右肘裡
側，掌心向裡。（圖 77）

圖 76

上動不停，上體右轉，左腳
向前上步，兩腿屈膝半蹲成馬
步，同時，右掌內旋，向上、向
右擺架於頭右側，左掌內旋直臂
向左橫擊掌，掌根向外，目視左

圖 77

掌。（圖78）

【動作提要】：要領同上，唯左右相反。

42. 蹬山推掌

上體直起左轉，左腳微抬下震，右腳向前上步，屈膝成右弓步，左腿挺膝蹬直，同時，左掌外旋握拳收於腰間，右掌向右、向下經右腰側，隨上步直臂向前推掌，掌心向前，掌指向上，目視前方。（圖79）

【動作提要】：同前。

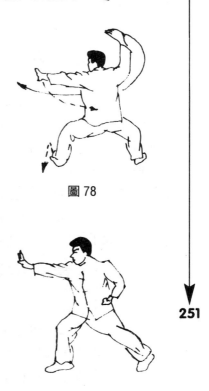

圖 78

圖 79

43. 梅花攬手

動作同第二路。

44. 虛步挎虎

動作同第二路。

45. 謝步請示

動作同第二路。

收 勢

動作同第二路。

第八路　八掛掌

　　八掛掌同第五路小五掌一樣，是以掌法為主的套路，演練時要快捷、靈活、緊湊。主要動作有芷花掌、風擺荷葉、披掛掌、搖掌、出巧子龍、順水推舟、燕子穿林、撩陰掌、四進連掌、衛胸掌、黃鶯托嗉、推窗望月、八方連掌、雙合掌、雙撞掌、雙崩掌等動作組成。

　　原套路與五路有個別重勢，現已把與五路重勢的動作刪掉，增換了個別動作，仍保持原風格、路線。

（一）套路歌訣

　　　上步按掌左右分，霸王舉鼎力托天；
　　　兩手托平胸前橫，分手出掌帶踢彈；
　　　上步玉柱庭中站，順拉小請招法先；
　　　左右虛步藏花掌，左架右推勢蹬山；
　　　風擺荷葉偷步撐，單踢披掛掌連環；
　　　順勢肘腿掛金鉤，回身搖劈轉蹬山；
　　　跳轉翻身三搖掌，劈蓋穿仆子龍現；
　　　上步推山順推舟，燕子穿林側身觀；
　　　轉身接打撩陰掌，金雞抖翎獨腳懸；
　　　四進連手旋身進，單掌推碑勢蹬山；
　　　轉身接按衛胸掌，黃鶯托嗉奔喉間；
　　　抽帶接打進步肘，崩攄騎馬掌推山；
　　　劈山掃腿防八方，推窗望月勢坐盤；
　　　八方連掌四門進，四門推掌掌連環；

插步翻身雙合掌，跪步撞掌力要全；
起身虛步雙崩掌，提膝推掌掛耳邊；
進步揪袖分左右，一拉臥勢側身觀；
上步切掌接歇步，轉身二起腳踢天；
旋風腳起轟天雷，掤手擺蓮防胸前；
鴻門射雁橫襠步，梅花攪手上下翻；
虛步挎虎前撩袍，謝步請示招法完；
若問八路拳名姓，八掛連掌少林傳。

（二）套路圖解

預備勢

動作同第二路。

1. 上步按掌

動作同第二路。

2. 霸王舉鼎

動作同第二路。

3. 兩手托平

動作同第二路。

4. 分手出掌

動作同第二路。

5. 上步玉柱

動作同第二路。

6. 虛步架掌

動作同第五路。（圖1）

【動作提要】：此動同第五路
第2勢，上步按掌後接虛步架掌。

圖1

7. 藏花掌

下肢不動，左掌向下，向右擺
於右腋下，掌心向上，右掌向左下
擺於左肩前側，掌心向下；不停，
左掌順右臂向左斜上擺動，掌心向
上；同時，右掌回落於左胸前，掌
心向上，目視左掌。（圖2）

上動不停，右腳向前上步成右
虛步，同時，左掌內旋，向下落於
右肩前，掌心向下，右掌外旋，向
右上斜擺，掌心向上，目視右掌。
（圖3）

【動作提要】：此動是左右虛
步藏花掌，左擺掌時，左虛步不
動，右擺掌時，要與右上虛步同
時，兩勢要連貫。

圖2

圖3

8. 蹬山刺掌

上體微右轉，右掌內旋，向下擺於右胸前成俯掌，左掌外旋，以虎口外側向斜上挑擺，目視左掌。（圖4）

上動不停，左腳向正前方上步成左弓步；同時，上體微左轉，左掌外旋上架於頭上方，右掌向前直臂推掌，掌心向前，掌指向上，目視前方。（圖5）

【動作提要】：上體右轉時，左掌應成橫掌上格，左轉、上弓步、右推掌應一致。

9. 風擺荷葉

上體微左轉，右腳向右上步，與左腳在一條直線上；同時，兩掌向下、向左擺動與肩平，掌心均向下，目視左掌。（圖6）

上動不停，左腳經右腿後向右插步，腳尖著地，腳跟抬起，右腿成弓步；同時，上體右轉，兩掌向右後擺掌，高與肩平，掌心均向外，掌指向上，左掌擺於右肩處，目視右掌指。（圖7）

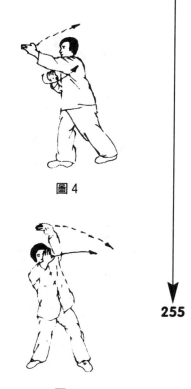

圖4

圖5

255

圖6

圖 7

圖 8

【動作提要】：上步、插步、雙擺掌中間不要停頓，雙擺掌要和插步一致。

10. 單踢披掛掌

上體左轉，右腿支撐，左腳向左彈踢，上肢不動，目視左側方。（圖 8）

圖 9

上動不停，左腳向左前落步成左弓步，右腿挺膝蹬直；同時，左掌向左擺動，微高於肩，右掌微下落，目視左側方。（圖 9）

上動不停，上體左轉，左掌內旋，繼續向左、向身後擺於臀部右側，掌指貼於臀部；同時，右掌隨轉體向前、向左，用掌心拍扶左肩上，目視前下方。（圖 10）

圖 10

上動不停，右腳向前上步成右弓步，左腿蹬伸；同時，上體微右轉，右掌向右、向身後擺動，用掌背拍擊臀部左側方，左掌隨轉體向前、向右，用掌心拍擊右肩，目視前下方。（圖11）

圖11

上動不停，兩腳以腳跟為軸，向左後轉體180度，由右弓步轉成左弓步，右腳跟抬起；同時，左掌隨轉體向左下掄劈，右掌隨轉體直臂向前、向下、向左膝外側立掌劈擊，掌心向外，當右掌下劈時，左掌向上拍擊右肩，上體微前傾，目視左前方。（圖12）

257

【動作提要】：此動是由回身單踢、左披掛掌、右披掛掌、回身披掛掌組成，演練時每勢要分清；回身披掛向下劈掌時，上體盡量前傾，右掌盡量向前、向下劈掌。

圖12

11. 順勢肘腿

上體直立，左腿支撐，右腿屈膝後抬；同時，兩掌前伸，掌心均斜向下，目視前方。（圖13）

上動不停，左腿直立，右腳從後向左前勾踢，腳跟要擦地；同

圖13

圖 14

圖 15

258

時，兩手向體右下側擺動，目
視前方。（圖14）

　　【動作提要】：起身後，右
腳後抬時，兩手前伸，右腳前
勾踢時，兩手右後下擺動；右
腳向前踢時，腳跟要擦地，同
時腳尖勾起，腳掌微內旋。

圖 16

12. 回身搖掌

　　右腳落地內扣，身體左轉成左弓步；同時，左掌向上、
向左劈掌，右掌變拳收抱於腰間。（圖15）

　　【動作提要】：右腳落地時，左掌應隨左移重心向左劈
掌。

13. 翻身搖掌

　　右腳向前上步成右弓步；同時，右拳變掌向上、向前劈
掌，高於肩平，左掌變拳收抱於腰間。（圖16）

上動不停，左腳抬起經右腿後向右插步，同時右掌繼續向下、向左、向上、向右搖劈一立圓，上體微右轉。（圖17）

上動不停，身體左後轉體180度，由右弓步轉成左弓步；同時，左拳變掌，隨轉體向上、向前劈掌，掌根斜向下，右掌隨轉體後擺，目視左前方。（圖18）

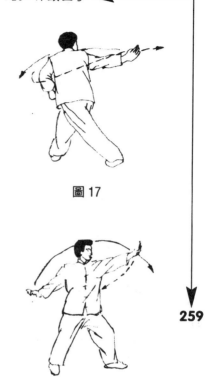

圖17

【動作提要】：上步劈掌、插步劈掌、翻身劈掌三勢要連貫，步不停，搖劈掌不停。

14. 出巧子龍

右腳向前上步成右弓步，左腿挺膝蹬直；同時，右掌向上、向前、向下蓋掌，掌心向下，高與肩平，左掌收於腰間。（圖19）

上動不停，右掌繼續向下、向左、向上、向右擺動，掌心斜向上。（圖20）

上動不停，重心前移，右腿支撐，左腿提膝前抬；同時左掌向上、向右擺壓，掌心向下，右

圖18

圖19

259

圖 20 圖 21 圖 22

掌收於腰間。（圖 21）

上動不停，右掌向前上，經左掌背上穿掌，掌心斜向上，高於頭；同時，左掌順右臂收於右胸前成立掌，下肢不動，目視右掌。（圖 22）

上動不停，上體微左轉，右腿屈膝全蹲，左腿向左貼地平仆，腳微內扣；同時，左掌順腿

圖 23

裡側向前下穿掌，右掌微內旋，目視左掌。（圖 23）

【動作提要】：此動作是由掄臂提膝穿掌接仆步穿掌，演練時，要注意連貫，仆步穿掌時，右腿下蹲後、左腿再貼地左伸，不要過早左伸，掄擺掌要掄立圓。

15. 順水推舟

重心前移，右腳向前上步成右弓步，左腿挺膝蹬直；同時，左掌隨前移向前、向上擺架於頭上方，掌心向上，右掌

先收於腰間，再向前立掌直臂前
推掌，目視右前方。（圖24）

【動作提要】：重心前移
時，左掌應繼續前穿，在右上步
時，再向上架掌。

16. 燕子穿林

重心下降，上體微左轉，左
掌向下貼左脇處，順左腿穿掌，
掌根向上，同時，右掌向左屈臂
裡合下壓，目視左掌。（圖25）

【動作提要】：左側身穿掌
時，應重心前移後，再下降，右
弓步微前弓，左腿充分伸直。

17. 撩陰掌

身體左轉，重心前移，左腿
屈膝半蹲，右腿成跪步，同時，
右掌外旋向前撩掌，掌心向下，
左掌攔擊右肘，掌心向下，目視
右掌。（圖26）

【動作提要】：接打撩陰，
轉身要快，要和上一動配合好，
側身穿掌後馬上轉身撩陰。

圖24

圖25

圖26

261

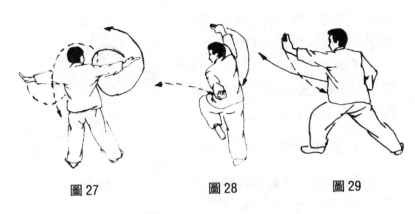

圖 27　　　　　圖 28　　　　　圖 29

18. 金雞獨立

　　身體直立，右腳向前上步，腳內扣，轉體 90 度，同時，右掌隨上步轉體向右平伸，掌心仍向上，左掌內旋向上、向左擺動，掌心向下。（圖 27）

　　上動不停，右腳支撐，左腿屈膝前抬，腳面繃平；同時，右掌繼續向上、向左、向下、向右、向上抖腕，橫掌擺架於頭上方，左掌在右掌擺動時向下、向右、向上、向左、向身後擺動，由掌變勾手，目視左側方。（圖 28）

　　【動作提要】：右掌在向左下擺動時，左掌應向右上，從右臂裡側上穿掌，兩掌擺穿時盡量放開，抖腕、勾手應和擺頭左視一致。

19. 四進連掌

　　上體微左轉，左腳向左落步成左弓步；同時，左勾手變掌隨左上步直臂向左推掌，掌心向前，掌指向上，右掌變拳向下收抱於腰間。（圖 29）

上動不停，身體左轉 90
度，右腳向左前上步，腳尖內
扣，左腳抬起經右腿後向右插
步，前腳掌著地，腳跟抬起；
同時，右拳變掌隨上、插步向
右推掌，左掌變拳收抱於腰
間，目視右掌。（圖 30）

上動不停，身體左後轉體
270 度，左腿轉成左弓步，右
腿挺膝蹬直；同時，左拳變掌
內旋，隨轉體平砍掌，掌心向
下，高與肩平，右掌隨轉體擺
於身後，掌心向下，目視前
方。（圖 31）

上動不停，上體微左轉，
左掌繼續向左下擺動，由掌變
拳，內旋收抱於胸間，拳心向
上；同時，右掌外旋，由後向
前平砍掌，高與肩平，掌心向
上，目視前方。（圖 32）

【動作提要】：本勢是由
上步推掌、跳插步推掌、轉身
砍掌和弓步砍掌四動組成，演
練時一定要連貫，二動上插步
可做成跳插步，更便於銜接。

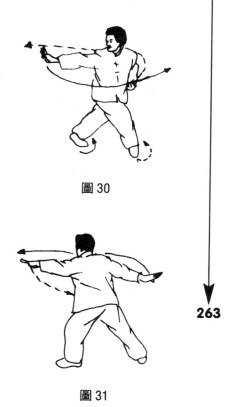

圖 30

圖 31

263

圖 32

20. 單掌推碑

左拳變掌內旋，直臂前推，掌心向前，掌指向上，右掌變拳收抱於腰間，下肢不動，目視左前方。（圖33）

【動作提要】：左推右收要一致，左推掌要送肩。

圖33

21. 衛胸掌

上體右轉，重心右移成右弓步，左腿伸直；同時，左掌裡合壓於胸前，右手不動，目視左掌。（圖34）

【動作提要】：移重心和按掌要一致，左腳內扣、右腳外展或兩腳都不動，只上體右轉皆可。

圖34

22. 黃鶯托嗉

上體左轉，左腿轉成弓步，右腿蹬伸，同時，右拳變掌內旋，隨轉體直臂前推，高於肩，掌心向下，虎口朝前，左掌停於右腋下，目視前方。（圖35）

圖34（附）

圖 35

圖 36

【動作提要】：托嗉意在鎖喉，前托時，拇指和其餘四指撐開成八字，虎口朝前，推掌時應經左肘上前推。

23. 抽帶進步肘

左手順右臂下向前上架掌，掌心向外，掌根向上；同時，右掌外旋變拳收抱於腰間。（圖36）

圖 37

上動不停，右腳向前上步成右弓步，左腿蹬伸；同時，右拳內旋，大、小臂相疊、向前頂肘，拳心向下，左拳外旋內收，扶於右小臂外側，目視前方。（圖37）

【動作提要】：左手向前架掌時，要有猛挑的動作，右手旋腕收回，在頂肘前，左手應繼續向左帶一下，再扶於右肘側。

24.崩擄進步掌

右拳變掌，向上、向前崩
掌，左掌扶托肘底。（圖38）

上動不停，上體微右轉，
左腳向前上步，腳內扣，右腳
外展，兩腿屈膝成馬步；同
時，右掌內旋，向後擄帶收於
腰間，掌心向下，掌指朝前，
左掌內旋直臂推掌，掌心向
外，掌指向上，目視左側方。
（圖39）

圖38

【動作提要】：右掌向後
擄帶時，右腳應原地震腳，再
上左步的動作，使上步便於銜
接，蹲馬步的瞬間要做抖掌。

25.劈山掃腿

重心左移，上體微右轉，
左腿支撐，右腿屈膝前抬，左
手自然落於左後側，右手自然
落於腹前，目視右側。（圖
40）

上動不停，上體右轉，左
腳蹬地起跳，騰空前踢；同
時，右掌向上、向右、向後、

圖39

圖40

266

向上擺架於頭上方，左掌向上、向右、向下立掌附於右胸前，目視左前方。（圖41）

上動不停，右腳落地屈膝全蹲，左腳落地平仆，腳內扣，上肢不動。（圖42）

上動不停，重心左前移，兩手向左腳前扶地，左後擰腰轉體，迅速掃轉一周。（圖43）

【動作提要】：此動由劈山和掃腿兩勢組成。劈山時，兩臂一定要掄臂再跳轉蹬踢；掃腿要借用兩手前扶轉腰的力量，掃腿右腳要內扣，腳底要擦地。

26. 推窗望月

重心右移，身體直立，兩掌同時隨起身右擺。（圖44）

上動不停，重心微左移，兩掌向上、向左、向下擺與肩平。（圖45）

上動不停，重心右移，左腳抬起後向右腳後插步，屈膝下蹲成歇步；同時，兩掌繼續

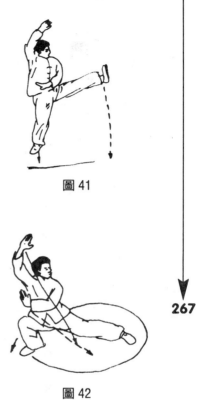

圖41

圖42

267

圖43

圖 44

圖 45

向下、向右上擺推，掌心均朝
外，上體微左傾，目視右掌。
（圖 46）

【動作提要】：雙擺掌要
圓，歇步擺掌要右斜上推掌，
上體要左傾、右視。

圖 46

27. 八方連掌

身體直立左轉，左腳向前
上步成左弓步，右腿蹬直；同
時，左掌向左直臂推掌，掌心
向外，掌指向上，右掌變拳向
下收抱於腰間。（圖 47）

上動不停，右腳向前上步
成右弓步，左腿蹬直；同時，
右拳變掌內旋直臂前推，掌心
向前，掌指向上，左掌變拳外

圖 47

圖 48

圖 49

旋收抱於腰間。（圖 48）

上動不停，身體左後轉體 180 度，左腳外展，左腿屈膝成左弓步，右腳內扣，右腿挺膝蹬伸；同時，左拳變掌內旋，隨轉體向左直臂推掌，掌心向前，掌指向上，右掌變拳內旋，收抱於腰間。（圖 49）

上動不停，重心後移，右腿支撐，左腿屈膝前抬；同時，右拳變掌內旋，直臂前推掌，掌心向前，掌指向上，左手屈臂裡合，附於右肩側成立掌。（圖 50）

上動不停，上體左轉 90 度，左腳向前落步成左弓步，左腿蹬直；同時，左掌隨左上步直臂前推掌，掌心向前，掌指向上，右掌變拳內旋，收抱於腰間。（圖 51）

上動不停，右腳向前上步，屈膝成右

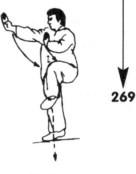

圖 50

圖 51

圖 52　　　　　　　圖 53　　　　　　　圖 54

弓步，左腿蹬伸；同時，右拳變掌內旋，直臂前推掌，掌心向前，掌指向上，左掌變拳外旋，收抱於腰間。（圖52）

上動不停，重心左移，身體左後轉體180度，左腳外展，左腿屈膝成左弓步，右腳內扣，右腿挺膝伸直；同時，左拳變拳，內旋，隨轉體直臂前推掌，右掌變拳外旋，收於腰間。（圖53）

上動不停，重心後移，右腿支撐，左腿屈膝前抬，同時，右拳變掌內旋，直臂前推掌，掌心向前，掌指向上，左掌屈肘收於右肩側成立掌，目視前方。（圖54）

【動作提要】：八方連掌是由八個單勢動作組成，向四個方向推掌，演練時要注意上步和轉身，後四個單勢動作和前四個單勢動作相同，唯方向不同；凡提膝都要腳面繃平，八勢皆目視前方。

28. 雙合掌

左腳向右後插步，前腳掌著地，腳跟抬起。（圖55）

上動不停，身體左後轉270度，重心前移，左腳以腳前

圖 55　　　　　　圖 56　　　　　　圖 56（附）

掌為軸轉體後，左腿屈膝成左弓
步，右腳以腳跟為軸，腳尖內扣，
右腿挺膝蹬直；同時，兩掌隨轉體
在左肩上合擊掌，上體微左傾，目
視兩掌。（圖56）

　【動作提要】：插步、翻身合
掌要連貫，合掌時，右掌要向左掌
合，合掌時要擊響，上體微左傾，
翻轉身要和前移重心一致。

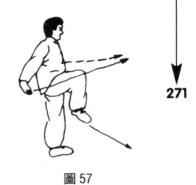

圖 57

271

29. 跪步撞掌

　重心前移，上體直立，左腿支撐，右腿屈膝前抬，腳面
繃平；兩掌向兩側按，掌心向下，掌指朝前。（圖57）

　上動不停，右腳向前落步，屈膝半蹲成右弓步，左腳微
前跟步，左腿屈膝成跪步；同時，兩掌向前直臂撞掌，掌心
相對，掌指外撐，虎口向上，掌跟向前，目視前方。（圖
58）

圖58　　　　　　　　圖59　　　　　　　　圖60

【動作提要】：提膝時，兩掌要向前、向下按掌再後移，右腳上步時稍前跨步，步大時，左腳可跟步，撞掌時要使抖力。

30. 雙崩掌

上體微起，重心後移成右虛步；同時，兩掌內旋向下，屈肘轉掌向前雙崩掌，掌心斜向裡，掌背斜向前，微高於肩，目視兩掌。（圖59）

【動作提要】：重心後移成虛步時，兩掌下落，在胸前翻轉掌前崩，兩掌需用彈勁。

31. 掛耳掌

重心前移，右腿直立，左腳前上半步；同時，右掌內旋前伸，左掌內旋屈肘，收於右肩側成立掌。（圖60）

上動不停，重心前移，左腿支撐，右腿屈膝前抬，腳面繃平；同時，右掌內旋屈肘，回收於右耳後側，左掌直臂前推掌，掌心向前，掌指向上，目視前方。（圖61）

圖 61　　　　　圖 62　　　　　圖 63

【動作提要】：左上步和右插掌一致，右提膝要和掛推掌一致。

32.左揪袖

右腳前落，右腿支撐，左腿屈膝後抬；同時，兩掌前伸。（圖62）

上動不停，右腿支撐，左腳以腳跟擦地向右前上方勾踢；同時，兩掌左後揪、擺掌，目視左腳。（圖63）

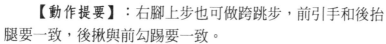

圖 64

273

【動作提要】：右腳上步也可做跨跳步，前引手和後抬腿要一致，後揪與前勾踢要一致。

33.右揪袖

左腳前落步，重心前移，右腿屈膝後抬；同時，兩手左前伸掌。（圖64）

上動不停，右腳以腳跟擦地向左前上勾踢；同時，兩掌

圖 65

圖 66

右後揪、擺掌，目視右腳。（圖65）

　　【動作提要】：同左揪袖，唯右勢。

34. 一拉臥勢

　　上體微左轉，右腳落地內扣，兩掌順步撐掌。（圖66）

圖 67

　　上動不停，上體左轉，重心右移，右腿屈膝半蹲，左腿隨右移重心成左虛步；同時，右掌向上、向左、向下、向右、向上擺掌成橫掌，左掌向下、向右、向上、向左、向下、向右擺於右胸前成立掌。（圖67）

　　【動作提要】：同一路第31勢。

35. 歇步切掌

　　上體直立，左腳向前上半步；同時，左掌前伸，右掌內

圖 68

圖 69

旋，向下收於腰間（或變拳收於腰間），掌心向上。（圖 68）

上動不停，上體左轉，右腳向前跨步，腳尖內扣，左腳向右腳後插步，兩腿微屈膝；同時，左掌方向不變，唯屈臂，右掌（或拳）不動。（圖 69）

上動不停，兩腿屈膝下蹲成歇步，左手握拳後帶，右掌（或

圖 70

拳變掌）內旋直臂向右前下橫切掌，掌心朝下，掌指朝前，目視右掌。（圖 70）

【動作提要】：同一路第 32 勢，唯捶變掌。

36. 穿手二起腳

動作同第一路第 34 勢。

【動作提要】：歇步切掌可直接轉身做穿手二起腳，可不再做鳳凰旋窩。

37. 旋風腳

動作同第一路第 35 勢。

38. 掤手擺蓮

動作同第一路第 37 勢。

【動作提要】：旋風腳後可不再做馬步撐捶，可直接做掤手擺蓮。

39. 鴻門射雁

動作同第一路第 38 勢。

276

40. 梅花攪手

動作同第一路第 39 勢。

41. 虛步挎虎

動作同第一路第 40 勢。

42. 謝步請示

動作同第一路第 41 勢。

收 勢

動作同第一路收勢。

第九路　打四門

　　打四門是四門奔打套路。原套路從起勢到收勢有近八十個單動作，動作多、路子長，本書對九路與前九路重勢較多的動作有所刪改，統一調整、布局，仍保持原來風格，只是比原套路稍短，更利於演練。

　　主要動作由分水勢、托槍勢、獅子大張口、順水推舟、護頂掌、護頂捶、大裡合腿、後撩腿、驅步金鉤、翻身劈山、二郎擔山、大鵬展翅、坐虎勢、靠身掌、掛面腳、掄砸拳、雙峰貫耳、巧女冠簪、打虎勢、馬步壓肘、肘腿等動作組成。演練時四門奔打，一氣呵成。

（一）套路歌訣

　　　　上步按掌左右分，順拉小請招法先；
　　　　擺步巧走分水勢，左右雲撥奔敵前；
　　　　活步半馬托槍勢，蹬山架推掌連環；
　　　　進步穿手右二起，獅子張口虛步觀；
　　　　進步穿手左二起，獅子張口把路攔；
　　　　順水推舟先擄手，抓打躍步蹬山拳；
　　　　轉身提膝護頂掌，大虎抱頭勢蹬山；
　　　　挽拳下磕接彈踢，歇步護頂掌推山；
　　　　回身彈踢防背後，大裡合腿巧栽拳；
　　　　插步隨臂後撩腿，翻身挽弓射鴻雁；
　　　　驅步金鉤左撐肘，翻身跳轉使劈山；
　　　　仆步砸拳勾跟腳，二郎擔山一條鞭；

坐虎挑打切腹掌，虛步敞門坐山觀；
攉步巧走分水勢，左右雲撥奔敵前；
左帶纏身靠山掌，掛面腳起近身難；
翻身雙封雙摻膀，轉身歇步掄砸拳；
起身護頂左單踢，二郎擔山一條鞭；
轉身側進回馬拐，雙峰貫耳雙對拳；
巧女冠簪跳插步，順水推舟先側攔；
抓打躍步十字捶，大虎抱頭勢蹬山；
拍腳歇步護頂捶，掄臂砸捶雙擺蓮；
落步蹬山打虎勢，接打蹬山劈砸拳；
順勢回打反被捶，騎馬壓肘力要全；
弓馬轉換三擊鼓，順步打捶腳前彈；
上步肘腿先採手，伏身後掃貼地旋；
移身蹬山雙捌手，急起擺蓮防胸前；
鴻門射雁橫襠步，梅花攪手上下翻；
虛步挎虎前撩袍，謝步請示招法完；
若問九路拳名姓，四門奔打不等閑。

（二）套路圖解

預備勢

動作同第二路預備勢。

1.上步按掌

動作同第二路第1勢。（圖1、2、3）

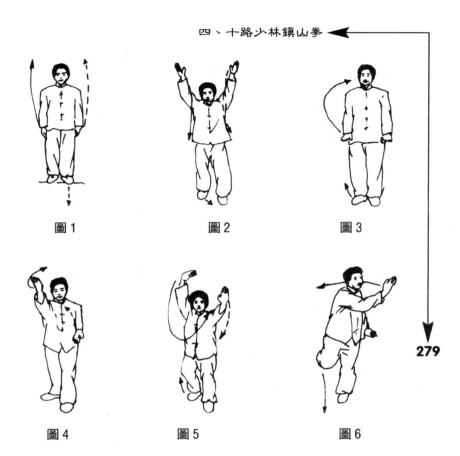

圖1   圖2   圖3

圖4   圖5   圖6

279

2. 順拉小請

動作同第五路第 2 勢。（圖 4、5）

3. 分水勢

重心前移，左腿彎曲，右腳以腳掌擦地後扒；同時，右
手向右、向下、向左、向上擺掌，掌心向裡，左掌向左、向
下擺動。（圖 6）

圖 7

圖 8

圖 9

　　上動不停，右掌外旋向右平擺掌，掌心向外，掌指向上。（圖 7）

　　上動不停，右腳向前上步，重心前移，左腳跟抬起；同時，左掌向右側插掌，右掌擺於右下側。（圖 8）

　　上動不停，右腿支撐，左腳以腳掌擦地後扒；同時，左掌外旋，向左平擺掌，掌心向外，掌指向上。（圖 9）

圖 10

　　上動不停，重心前移，左腳向前上步，右腳腳跟抬起；同時，右手向左插掌，向上擺動，掌心向裡，掌指向上，左掌擺於左下側。（圖 10）

　　上動不停，左腿支撐，右腳以腳前掌擦地後扒；同時，右掌外旋，向右平擺掌。（圖 11）

　　上動不停，右腳向前上步，重心前移，左腳腳跟抬起；同時，左手向右插掌

圖 11

上擺，掌心向裡，掌指向上，右掌擺於右下側。（圖12）

上動不停，右腿支撐，左腳以腳前掌擦地後扒；同時，左掌外旋向左平擺掌。（圖13）

【動作提要】：分水勢共做四次，後兩勢同前兩勢，下肢動作同走擺勢，扒地時要同上肢平擺掌一致。演練時如場地小，亦可做兩勢。

4. 托槍勢

上體微左轉，左腳向左落步，腳尖微向前，兩腿屈膝成半馬步；同時，左掌向下、向前上托掌，右掌貼腹前向上，旋腕下按於右腹側，目視前方。（圖14）

【動作提要】：左掌旋肘上托，右掌旋腕下按，兩掌托按要與下蹲半馬步同時完成。

5. 弓步架推掌

上體左轉，重心前移，成左弓步，右腳內扣，右腿挺膝蹬直；同時，左掌內旋上架於頭上方，右掌直臂前推，掌心向前，掌指向上，

圖12

圖13

圖14

圖15　　　　　圖16　　　　　圖17

目視前方。（圖15）

【動作提要】：同前。

6.穿手右二起

右腳向前上步，同時左掌向後、向下、向前穿掌，掌心向上，掌指朝前，右掌在左掌穿過後，向後擺動。（圖16）

圖18

上動不停，重心前移，右腿支撐，左腿屈膝前抬；同時，左掌內旋，右掌向前、向上，用掌背頂擊左掌心。（圖17）

上動不停，右腳蹬地起跳，騰空前踢；同時，右掌向下拍擊右腳面，左掌向左擺動。（圖18）

【動作提要】：同前。

7.獅子大張口

左腳落地，右腳向前落步，重心後移，兩腿屈膝成右虛

步；同時，右掌外旋變拳，屈肘
後收，拳心向上，左掌變拳向
後、向上、屈肘上架，拳心向
下，目視右前方。（圖19）

【動作提要】：落地後移成
虛步，要與上肢動作配合一致，
兩拳心應上下斜對。

圖19

8. 穿手左二起

重心前移，左腳向前上步；
同時，左拳變掌向前、向下、向
後擺動，右拳變掌在左掌向下擺
動時前穿。（圖20）

上動不停，重心前移，左腿
支撐，右腿屈膝前抬；同時，右
掌內旋，左掌向前用掌背頂擊右
掌心。（圖21）

圖20

上動不停，左腳蹬地起跳、
騰空前踢；同時，左掌向下拍擊
左腳面，右掌向右擺動。（圖
22）

【動作提要】：同前。

9. 獅子大張口

右腳落地，左腳向前落步，
重心後移，兩腿屈膝成左虛步；

圖21

圖22　　　　　圖23　　　　　圖24

左掌外旋變拳、屈肘後帶，拳心向上，右掌變拳向後、向上屈肘架拳，拳心向下，兩拳心斜對，目視左前方。（圖23）

【動作提要】：要領同獅子大張口右勢。

10. 順水推舟

身體微右轉，重心微右移，兩拳變掌隨轉體向右捋擺，掌心均朝外。（圖24）

上動不停，上體左轉，重心前移，左腿屈膝半蹲成左弓步，右腳內扣，右腿挺膝蹬直；同時，兩掌轉掌前推，掌心朝前，掌指向上，高與肩平，目視前方。（圖25）

【動作提要】：兩掌順勢捋擺、接前推，要與下肢動作配合一致，右左轉體要用腰帶。

圖25

11. 抓打躍步捶

下肢不動，以肘關節為軸，使小臂帶掌旋一立圓，右掌外旋變拳收抱於腰間。（圖26）

上動不停，右腳向前上步，屈膝成右弓步；同時，左掌外旋握拳收抱於腰間，拳心向上，右拳內旋，直臂前沖，拳心向下，目視右前方。（圖27）

【動作提要】：旋肘抓握時旋腕，上弓步要與右沖拳一致。

圖26

12. 提膝護頂掌

重心右移，上體微左轉，右腳內扣，右腿支撐，左腿提膝前抬，左腳內扣；同時，右拳變掌屈肘上架，左拳變掌下插，掌心朝外，掌指向下，目視左掌。（圖28）

【動作提要】：架掌、插掌要與提膝同時進行。

圖27

13. 轉身虎抱頭

上體左後轉體180度，右腳內扣，左腳向前上步成左弓步，右腿挺膝蹬直；同時，左掌變拳上架於頭上方，拳心朝前，右掌下落變拳後向前直臂沖

圖28

圖 29　　　　圖 30　　　　圖 31　　　　圖 32

拳，拳心向下，目視前方。（圖 29）

【動作提要】：上體轉身帶動右腳內扣，落弓步要和架、沖拳一致。

14. 砸拳彈踢

圖 33

右拳向下、向裡、向前挽臂砸拳，拳心向上。（圖 30）

上動不停，重心前移，左腿支撐，右腳向前彈踢，目視前方。（圖 31）

【動作提要】：砸拳時上體微前傾，彈踢時腳面繃平。

15. 歇步護頂掌

右腳落地後，腳尖內扣，重心左移，兩拳變掌，向下、向左擺掌。（圖 32）

上動不停，左腳抬起經右腿後向右插步，兩腿屈膝下蹲成歇步；同時，右掌向右推掌，掌心向外，掌指向上，左掌向上擺架於頭左側，目視右側方。（圖 33）

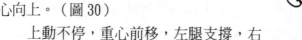

【動作提要】：左擺掌後，兩掌
應隨右插成歇步時，繼續擺掌，左掌
上擺，右掌也應上擺後，再向右擺
撑。

圖34

16. 回身單踢

身體直立左轉，重心前移，右腿
直立，左腳跟抬起，右掌向下收於腰
間，掌心向上，左掌向下、向左擺於
腹前，掌心向右。（圖34）

上動不停，右腿支撐，左腳向前
蹬踢；同時，右掌後擺。（圖35）

【動作提要】：同前。

圖35

17. 大裡合腿

左腳向前落步，腳尖外展，重心
前移。（圖36）

上動不停，身體左後轉270度，
右腳腳掌內扣，隨轉體擺腿裡合，落
地時震腳，並隨震腳兩腿屈膝下蹲；
同時，左掌隨轉體左擺後再上擺停於
右胸前，右掌變拳隨震腳向下栽拳，
拳眼向裡，拳心朝後，目視右拳。
（圖37、38）

【動作提要】：轉體裡合腿時，
左掌應先向左擺、帶動轉體；震腳要

圖36

圖37　　　　　　圖38　　　　　　圖39

與右下栽拳一致。

18. 後撩腿

上體微右轉，左腿蹬伸，右腳向
後撩腿，同時，右拳隨右腿後撩，目
視後方。（圖39）

【動作提要】：此動亦可左腳後
退一步再撩腿，撩腿時上體要側轉前
傾，腳高於臀。

圖40

19. 翻身鴻門射雁

上體右轉，右腳外展下落，左腳腳尖內扣；同時，右拳
向左、向上、向右擺動，拳心向上，左掌變拳向下收於腹
前，拳心向下。（圖40）

上動不停，上體微右轉，左腳提起後向右腳左側落步，
右腿屈膝成右弓步，左腿挺膝蹬直；同時，右拳收抱於腰
間，左拳向前下沖拳，目視左拳。（圖41）

圖 41　　　　　圖 42　　　　　圖 43

【動作提要】：翻身時右擺拳要與
右落步一致，落步時可震腳；左腳應斜
上步；左沖拳要和右收拳一致，右肘要
後撐。

20.驅步金鉤

上體微右轉，右拳變掌向前平擺，
高與肩平，掌心向下，左拳變掌向左腋
下插掌，下肢不動。（圖42）

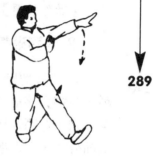

圖 44

上動不停，重心前移，左腳跟抬起；同時，左掌順右臂
下前移至小臂時，兩臂相絞，右掌心向上，左掌心向下。
（圖43）

上動不停，左腳後抬以腳跟擦地前勾；同時，左掌向左
撐掌，右掌內旋向左附於左大臂成立掌，目視前方。（圖
44）

【動作提要】：左插掌動作不停，直接順右臂外擺攪梅
花手，左腳勾踢時，上勾不要過高，應向右擦地平勾。

289

21.跳轉劈山

上體微右轉，重心前移，左腿
支撐，右腿屈膝前抬；同時，兩掌
變拳下落。（圖45）

上動不停，身體右後轉體180
度，左腳蹬地起跳，隨轉體左腳騰
空左蹬踢；同時，右手隨轉體擺於
胸前，目視前方。（圖46）

【動作提要】：同前。

圖45

22.勾腳砸拳

右腳落地踏實，右腿屈膝全
蹲，左腳直接前落，腳跟著地，腳
尖下勾，左腿仆地；同時，兩拳在
胸前分手，左右砸拳，左低右高，
目視左腳尖。（圖47）

【動作提要】：左落勾跟腳要
與砸拳一致，左手在左小腿上方，
右拳微高與肩，兩臂成一條線。

圖46

23.二郎擔山

重心前移，左腳微內扣下落，
左腿屈膝半蹲成左弓步，右腳尖內
扣，右腿挺膝蹬直；同時，左拳隨
起身向左平擺至身後，高與肩平，

圖47

圖 48　　　　　　圖 49　　　　　　圖 50

拳心向下，右拳經腰側內旋，直臂前沖，拳心向下，目視右前方。（圖 48）

　　【動作提要】：同躍步單鞭，唯掌變拳，兩臂與肩平，上體微左轉。

24. 坐虎勢

　　下肢不動，上體微右轉，左拳變掌向下、向前、向上架拳，右拳外旋收抱於腰間。（圖 49）

　　上動不停，右腳向左腳併步，兩腿屈膝半蹲，左掌成橫掌繼續向後橫架於頭上方，右拳內旋變掌直臂向前推掌，掌低於肩，掌心向前，掌指向上，目視前方。（圖 50）

　　【動作提要】：此動可分兩拍進行，左架掌應與右轉體一致，上併步應與右推掌一致，右腳上併步時，可做跺腳。

25. 大敞門

　　上體微起，右腳不動，左腳向前上步成左前虛步；同時，右掌向上與左掌交叉後，分別向兩側分掌，兩掌高於

圖 51　　　　　　圖 52　　　　　　圖 53

肩，均斜向下，掌指均向外，目視前
方。（圖 51）

　　【動作提要】：右掌先動，在與
左掌相交時，再左右分掌，同時上虛
步。

26. 分水勢

　　重心前移，左腿支撐，右腳向後

圖 54

扒地；同時，右掌先向下、向左、向
上擺掌，外旋後再向右擺掌，左掌隨右插擺掌左轉體，向後
擺動。（圖 52）

　　上動不停，右腳向前上步，左腳向後扒地；同時，左掌
向前、向右、向上擺動，外旋後再向左擺掌，右掌繼續向
右、向下擺於腰間。（圖 53）

　　上動不停，左腳向前上步，右腳向後扒地；同時，右掌
向左、向上擺動，外旋後再向右擺掌，左掌向左、向下擺於
腰間。（圖 54）

圖 55

圖 56

圖 57

上動不停，右腳向前上步，左腳向後扒地；同時，左掌向右、向上擺掌，外旋後，再向右擺掌，右掌繼續向右、向下擺於腰間。（圖 55）

【動作提要】：要領同第 3 勢。

27. 靠身掌

左腳向右踝裡側上步成丁步，兩腿屈膝半蹲；同時，左掌向左、向下、向右擺掌，掌心向上，掌指向右，右掌內旋左伸，附於左肩側，掌心向下，掌指向左，目視左側方。（圖 56）

上動不停，左腳向左上步，左腿屈膝成左弓步；同時，左掌向左擺掌，高於肩，掌心向上，掌指向左前，右掌向後擺動，低於肩，掌心向下，掌指向右後，目視左前方。（圖57）

【動作提要】：分水勢第四動做完後，重心不要再前移，右腳微頂，稍控制一下；縮身合掌與丁步要一致，斜分掌和左上步要一致。

圖 58　　　　　　　圖 59　　　　　　　圖 60

28. 掛面腳

　　重心前移、左轉，左腿支撐，右腳抬起；同時，左掌隨左轉，左擺內旋，右掌隨轉體右擺。（圖 58）

　　上動不停，上體繼續左轉，左腳尖外展，右腳掌內扣，隨轉體從右經面前向左扇形裡擺，至左側時向下、向左腳後落步，前腳掌落地，腳跟抬起；同時，兩掌隨轉體左擺，當右腳擺過面部時，兩掌微裡合，當右腳落地時，兩掌內旋，分別下按於腰側，目視右後方。（圖 59）

　　【動作提要】：掛面腳同大裡腿，不拍腳，隨轉體裡合將落地時，腳要向左腳後插，起腳時，腳掌要內扣。

29. 雙採雙撞

　　上體右轉，右腳抬起，腳尖外展後向前上半步，重心前移，右腿微彎曲，左腿伸直，腳掌著地，腳跟抬起；同時，兩掌隨轉體向右擺掌，微高於肩，掌心向前，掌指向上。（圖 60）

圖 61

圖 62

圖 63

上動不停，上體繼續向右微轉，兩掌繼續向右、向下，隨轉體外旋抓握成拳，收抱於腰間，目視前方。（圖61）

上動不停，左腳向左前上步成左弓步，右腿挺膝蹬直；同時，上體微左轉，兩拳內旋，直臂向前沖拳，拳心向下，拳高於肩，拳距同肩寬，目視前方。（圖62）

【動作提要】：兩掌隨轉體雙採時，右腳外展落地要微震腳，兩手抓握成拳後，隨左上步要猛力前沖，力抖拳面。

30.歇步掄砸拳

上體右轉，重心右移，右腳尖外展，右腿屈膝成右弓步，左腳尖內扣，左腿挺膝伸直；同時，右拳向上，向右掄拳，拳輪向下，左拳停於左側。（圖63）

上動不停，上體繼續右轉，兩腿交叉後，屈膝下蹲成歇步；同時，右拳繼續向下、向後、向上擺拳，拳心向左，左拳隨轉體向上、向前、向下屈肘砸拳，拳心向上，兩拳心上下斜對，目視左拳。（圖64）

【動作提要】：從雙撞拳開始掄拳、轉身、下蹲成歇步

圖 64

圖 65

要密切配合，中間不能停頓，直接掄砸成歇步砸拳，掄臂砸拳時，注意掄立圓。

31. 左彈踢

圖 66

身體直立，上體左轉，右腳內扣，右腳支撐，左腳從右向左彈踢，上肢不動，目視左前方。（圖65）

【動作提要】：同前。

32. 二郎擔山

左腳向前落步，左腳屈膝成左弓步，右腿挺膝蹬直；同時，上體左轉，左拳內旋，向前、向左、向後直臂擺拳，拳心向下，右拳外旋，向下經腰間，再內旋，直臂向前沖拳，拳心向下，兩拳與肩平，目視右前方。（圖66）

【動作提要】：要領同第23勢。

33. 回馬拐

上體右後轉，重心前移，右腳外展，右腳展膝成右弓步，左腿伸直；同時，兩拳變掌，隨轉體向右、向前擺掌。（圖67）

上動不停，上體微左轉，左腳向前上步，腳尖外展，重心前移，右腿蹬伸，右腳跟抬起；同時，兩手向上、向左、向下擺與肩平。（圖68）

上動不停，右腳向前上步，腳尖內扣，兩腿屈膝成馬步；同時，右掌變拳，拳心向下，大小臂屈疊向右頂肘，左掌屈肘向右頂右拳面，掌指向上。（圖69）

【動作提要】：此動是轉身擺掌側上步成馬步頂肘，擺掌至頂肘，動作不停，當掌擺到左側時直接向右拐肘，右掌邊頂邊握掌。

34. 雙峰貫耳

重心右移，上體直立，右腿支撐，左腿屈膝前抬；同時，左掌變拳，與右手分別向體側、向

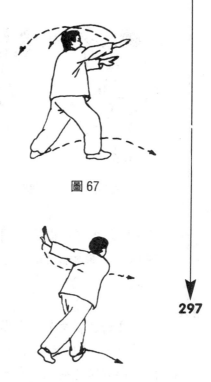

圖67

圖68

圖69

圖70　　　　圖70（附）　　　　圖71

外、向前擺拳，微高於肩，兩臂撐圓，兩拳相距20公分，兩拳心向下，兩拳面斜對，目視兩拳。（圖70）

圖72

【動作提要】：在做雙風貫耳時，亦可右拳變掌，兩掌外旋，再向體側擺動，擺動時可以掌背拍擊大腿側，向後、再向前，由掌變拳成對拳。

35.巧女冠簪

上體微右轉，左腳向右落步，腳尖外展，重心前移，右腿伸直，腳跟抬起；同時兩拳變掌向下落於體側。（圖71）

上動不停，右腳向右前上步，腳內扣，左腳提起向右腿後插步；同時，兩掌繼續向外、向上立掌擺於兩耳側，掌心向前，掌指斜向裡，目視前方。（圖72）

【動作提要】：側上步後，右腳可做成跨跳步，再左插

步，上下肢要密切配合，下擺掌
時亦可拍擊大腿側後，再上擺掌
護耳。

36. 順水推舟

　　重心右移，右腳向右跨步，
腿伸直，左腿微彎曲；同時，兩
掌向右下、向上雙擺掌。（圖
73）

圖 73

　　上動不停，上體右轉，重心
前移，右腳外展，右腿屈膝成右
弓步，左腳內扣，左腿挺膝蹬
直；同時，兩掌繼續向上，至左
側時，向下分別落於腰側，隨右
轉體直臂前推，掌心向前，掌指
向上，目視前方。（圖74）

　　【動作提要】：要領同第
10勢，唯左勢。

299

圖 74

37. 抓打躍步捶

　　右腳微抬下震，腳尖外展，
右手以肘關節為軸，右掌向右、
向下、向左、向上旋一立圓，左
掌變拳外旋收抱於腰間。（圖
75）

　　上動不停，左腳向前上步，

圖 75

圖 76　　　　　　　圖 77　　　　　　　圖 78

屈膝成左弓步，左拳內旋向前直臂沖拳，拳心向下，同時右掌變拳外旋收抱於腰間，目視前方。（圖 76）

【動作提要】：要領同第 11 勢，唯左勢。

38. 調打虎抱頭

上體左轉 90 度，重心後移，左腳蹬離地面、隨左轉向前落步，屈膝成左弓步，右腳內扣，右腿蹬直；同時，左臂向左橫肘上架，右拳內旋直臂沖拳，拳心向下，目視前方。（圖 77）

【動作提要】：要領同第 13 勢，唯方向相反。

39. 單拍腳

兩拳變掌，右手向上、向後、向前、向上用掌背頂擊左掌心。（圖 78）

上動不停，重心前移，左腿支撐，右腿向前上擺踢，腳面繃平；同時，右掌向下拍擊腳面。（圖 79）

【動作提要】：頂掌擊響後，接著拍腳，兩響相近。

圖 79 　　　　　　圖 80 　　　　　　圖 81

40.歇步護頂捶

　　上體左轉，右腳落地內扣；同時兩掌向左擺掌。（圖80）

　　上動不停，重心右移，左腳抬起經右腿後向右插步，兩腿屈膝下蹲成歇步；同時，右掌變拳向右沖拳，左掌變拳向右、向上架拳護頂，目視右側方。（圖81）

301

圖 82

41. 翻身掄砸拳

　　身體直立左轉，兩腿由歇步轉成右虛步；同時，左拳隨轉體，向左、向後收抱於腰間，右拳隨轉體向上、向前屈肘下砸，拳心向上，目視右拳。（圖82）

　　【動作提要】：起身直接轉成虛步，砸拳時臂掄立圓。

42.掤手擺蓮

　　重心右移，右轉90度，右腿支撐，右拳變掌內旋，掌

心向下，左拳變掌內旋向右上，用掌背頂擊右掌心。（圖83）

上動不停，右腳蹬地轉體90度，騰空右擺。（圖84）

【動作提要】：同前。

43. 打虎勢

上動不停，身體繼續右後轉體180度，右腳落地後屈膝成右弓步，左腳落地後左腿挺膝蹬直；同時，兩手在右腳擺至體右側時先拍擊腳面，然後右掌變拳向右、向上架拳，左掌變拳向右、向下按壓，拳心向下，目視左前方。（圖85）

【動作提要】：掤手擺蓮旋轉一周，落地定勢成打虎勢，掤手時，左提膝要向右擺動，以助旋轉速度。

44. 劈砸拳

重心左移，左腳外展，左腿屈膝成左弓步，右腳內扣，右腿挺膝蹬直；同時，左拳向上、向左、向下劈拳，拳輪向下，右拳外旋，向下收抱於腰間。（圖86）

上動不停，上體左轉，右拳向

圖 83

圖 84

圖 85

圖 86

圖 87

上、向前、向下砸拳，拳輪向
下；同時，左拳外旋收抱於腰
間，目視前方。（圖87）

【動作提要】：左劈拳要和
左移重心一致，緊接著轉身砸
拳，劈、砸拳要連貫。

45.反被捶

圖 88

上體右轉，重心右移，右腳
外展，右腿屈膝成右弓步，左腳內扣，左腿挺膝蹬直；同
時，右拳隨轉體向右反臂掄拳，高與頭平，拳背向外，目視
右拳。（圖88）

【動作提要】：借轉體直接反臂右砸。

46.馬步壓肘

右腳微抬下跺，腳尖外展，右拳變掌內旋，向右、向
下、向左、向上立圓採手。（圖89）

圖 89

圖 90

　　上動不停，左腳向前上步，上體右轉，左腳尖內扣，兩
腳屈膝成馬步；同時，左拳向後、向上、向前、向下屈臂壓
肘，右掌握拳外旋，收抱於腰間，目視右肘。（圖90）

　　【動作提要】：右手旋採手要和右跺腳一致，左掄臂壓
肘要和左上步下蹲馬步一致。

47. 弓步沖拳

　　上體左轉，重心左移，右腳內扣，右腿蹬直；同時，右
拳內旋直臂前沖，拳心向下，左
拳收抱於腰間，目視前方。（圖
91）

　　【動作提要】：同前。

48. 馬步沖拳

　　上體右轉，左腳內扣，重心
右移，右腳尖外展，兩腿屈膝成
馬步；同時，左拳內旋直臂左沖

圖 91

拳，右拳外旋收抱於腰間，目視
左前方。（圖92）

49. 弓步沖拳

上體左轉，重心左移，左腳
外展，右腳內扣，右腿蹬直；同
時，右拳內旋直臂前沖，左拳收
抱於腰間，目視前方。（圖93）

【動作提要】：同前。

圖92

50. 彈腿沖拳

重心前移，左腿支撐，右腳
向前彈踢；同時，左拳內旋前
沖，右拳外旋收抱於腰間。（圖
94）

【動作提要】：同前。

圖93

51. 肘 腿

右腳向前跨步，重心前移，
左腿屈膝後抬；同時，兩拳變掌
前伸。（圖95）

上動不停，上體右轉，左腳
腳跟擦地向右前上勾踢；同時，
兩掌向左下側採擺掌，目視左側
方。（圖96）

【動作提要】：同前。

圖94

圖 95　　　　　　　　　　圖 96

52. 後掃腿

　　左腳落地，重心左移，兩手胸前下伸。（圖 97）

　　上動不停，左腿屈膝全蹲，兩手扶地，右腿仆地，右腳擦地迅速右後轉體掃轉半周。（圖 98）

圖 97

　　【動作提要】：同前。

53. 掤手擺蓮

　　身體直立，微左轉，左手左抬，掌心向下，右手從下向左上，用掌背頂擊左掌心。（圖 99）

　　上動不停，左腿支撐，右腿向左、向上、向右做扇

圖 98

圖 99

圖 100

形擺腿；同時，兩掌依次拍擊右腳面。（圖 100）

【動作提要】：同前。

54. 鴻門射雁

動作同第一路第 38 勢。

55. 梅花攪手

動作同第一路第 39 勢。

56. 虛步挎虎

動作同第一路第 40 勢。

57. 謝步請示

動作同第一路第 41 勢。

58. 收 勢

動作同第一路收勢。

第十路　埋伏拳

埋伏拳是十路拳中的綜合套路，原套路從起勢至收勢九十餘個動作，除招法用途外，還是一路練體力、耐力的路子。本書對套路進行了刪改，主要去掉了重勢動作，保持了六個單趟及套路的風格特點。主要動作由梅花手敞門、掛耳掌、刺掌、挎虎勢、上步劈拳、關公勒馬、海底撈月、海底炮、插步格肘、托槍勢、馬步盤肘、坐盤護頂捶、鷂子鑽天、雙封雙勾、怪莽翻身、燕子入林、烏龍翻江、單手托天、金剛搗碓、雙採雙撞、驅步金鉤、下勢敞門、走擺勢、肘腿等動作組成，演練要剛柔相濟，開合有度。

（一）套路歌訣

上步按掌左右分，先挑後架掌推山；
左右攪動梅花手，坐盤敞門護兩邊；
提膝轉身掛耳掌，進步刺掌勢蹬山；
換步刺掌踩子腳，抓打躍步蹬山拳；
順勢騎馬護頂捶，丁步挎虎回頭觀；
上步劈拳先採手，關公勒馬挽雙拳；
海底撈月探身勢，老鴉登枝回身彈；
蹲步急打海底炮，穿手二起腳踢天；
插步格肘搖身進，翻身掄劈打勢單；
旋空踢出擺蓮腿，猛虎尋食撲向前；
墊步纏拿托槍勢，騎馬盤肘頂心尖；
順步鞭拳蹬山勢，抓帶換步使小纏；

跟步打捶騎馬勢，撐腰送打蹬山拳；
採攦踢打先纏手，搖掌護頂勢坐盤；
鷂子鑽天旋身起，金雞抖翎獨腳懸；
大鵬展翅虛勢站，雙封雙勾腳前彈；
震腳換步雙推掌，青龍擺尾畫半圓；
蹬山接站打虎勢，怪蟒翻身撲連環；
燕子入林側身進，烏龍翻江進步旋；
蹬山左右護頂肘，壓拳彈踢一條鞭；
單手托天併步站，旋風腳起空中旋；
騎馬捷打護頂捶，金剛搗碓防下盤；
雙採雙撞蹬山勢，虛步挽拳勢挎籃；
左封右崩跳換步，驅步金鉤左勢連；
驅步金鉤接右勢，掄臂拍腳風擺蓮；
跟步沖拳獨立站，下勢敞門護下盤；
攞步巧走連進勢，兩手翻飛臂掄圓；
上步掄臂單拍腳，騎馬打捶左架拳；
順步肘腿雙攦手，翻身劈山接踢彈；
仆步掃腿防八方，掤手擺蓮護胸前；
鴻門射雁橫襠步，梅花攬手上下翻；
虛步挎虎前撩袍，謝步佛手招法完；
若問此拳名和姓，少林十路埋伏拳。

（二）套路圖解

預備勢

動作同第九路預備勢。（圖1）

圖1　　　　　圖2　　　　　圖3　　　　　圖4

1.上步按掌

動作同第九路第1勢。（圖2、3）

2.挑架掌

圖5

左腳後退一步；同時，右掌外旋直臂上挑，掌心向左，掌指向前上方，左掌外旋，掌心向上，掌指向前。（圖4）

上動不停，上體微右轉，重心後移成左虛步；同時，右掌外旋向後橫掌架於頭上方，左掌內旋，直臂前推，掌心向前，掌指向上，目視前方。（圖5）

【動作提要】：右退步上挑掌為一拍，空勢同虛步架推掌。

3.梅花手

重心前移，上體微左轉，左掌外旋，轉掌心向上，微裡屈臂，右手向左下落於左肘上，掌心向下。（圖6）

310

圖6

圖7

圖8

上動不停，右腳向左腳右側上步，重心右移；同時兩臂相絞，目視右掌。（圖7）

【動作提要】：同前。

圖9

4. 坐盤敞門

左腳抬起經右腿後向右插步；兩腿屈膝下蹲成歇步；同時，兩手向下，分別向外、向上擺於頭兩側，掌高與頭平，掌心向前，目視前方。（圖8）

311

【動作提要】：此動要與梅花手連貫；坐盤腿做成歇步亦可。

5. 掛耳掌

身體直立左轉，重心後移成右高虛步；同時右掌隨轉體向左、向前擺掌，掌心向左，掌指向前，左掌隨轉體向右立掌附於右肩側。（圖9）

上動不停，左腿支撐，右腿
屈膝前抬；同時，左掌立掌前
推，右掌屈肘後掛於右耳後側，
目視前方。（圖 10）

【動作提要】：注意轉身合
掌，其他要領同第八路第 31
勢。

圖 10

6. 進步刺掌

動作同第二路刺掌。（圖
11）

7. 活步刺掌

動作同第二路刺掌。（圖
12）

圖 11

8. 弓步沖拳

下肢不動，左手旋腕採抓，
握拳收抱於腰間，拳心向上，同
時，右掌外旋變拳下落腰間後，
再內旋直臂前沖，目視前方。
（圖 13）

【動作提要】：同前。

9. 馬步護頂捶

上體右轉，重心右移，左腳

圖 12

312

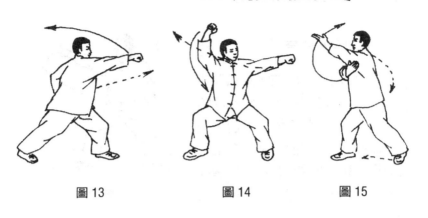

圖13　　　　　　　圖14　　　　　　　圖15

內扣，右腳外展，兩腿屈膝成馬步；同時，右拳向上、向右架拳於頭右側，左拳內旋隨轉體直臂左沖拳，目視左側方。（圖14）

　　【動作提要】：馬步架打隨轉體一拍完成。

10. 丁步挎虎

　　重心右移，上體微右轉，左腿蹬伸，右拳變掌外旋，向下、向裡擺動，左拳變掌外旋成仰掌，經右掌裡擺時，向右前穿掌，同時，右掌擺於左腋下。（圖15）

　　上動不停，上體微左轉，左腿向右腳裡踝落於成丁步；同時，右掌向下、向右、向上擺架於頭右側，左掌內旋向左、向身後擺掌屈腕成勾手，勾尖向上，目視左側方。（圖16）

　　【動作提要】：移身穿掌要一致，擺掌與上丁步要一致。

圖16

11. 弓步劈拳

左腳向前、向左，走弧形成左弓步，右腳內扣，右腿挺膝蹬直；同時，左勾手變掌向前、向左擺掌，掌心向前，掌指向上，拇指與其他四指撐開，右掌向右、向下握拳收抱於腰間。（圖17）

圖 17

上動上停，右腿向前上步成右弓步，左腳外展，左腿蹬直；同時，右拳隨上步向前直臂平劈，拳心向上，左拳外旋附於右小臂裡側，目視前方。（圖18）

【動作提要】：劈拳時小臂要擊左掌心。

圖 18

12. 關公勒馬

重心後移，右腳蹬地上抬，左腿支撐；同時，右拳內旋變掌，兩掌同時向下、向後擺動。（圖19）

上動不停，上體右轉，右腳外展落地，左腳向前上步，兩腿屈膝成半馬步；同時，兩掌向上、向前下擺動，兩掌指彎曲後

圖 19

帶，左手順步停於左前方，右手收於右腹前，目視前方。（圖20）

【動作提要】：右腳換步時要震腳，兩掌先是掄撲，再向後猛帶一下。

13.海底撈月

重心後移，右腿支撐，左腿屈膝前抬；同時，左手指伸直，向右、向上旋腕擺掌，右手外旋握拳收於腰間。（圖21）

上動不停，左腳向前落步，上體左轉，右腳向右上步，腳內扣，左腿再屈膝前抬；同時，左掌屈肘上提，右拳變掌屈指下按，上體微右探身，目視右下方。（圖22）

【動作提要】：左腳要做成跨步震腳，再上右步，右手先上抬至右肩側，再向下探掌。

14.老鴉蹬枝

上體左轉，右腿支撐，左腳向左上蹬踢；同時，右掌擺架於頭前方，左掌直臂後擺，屈腕成

圖20

圖21

315

圖22

勾手，目視左側方。（圖23）

　【動作提要】：同回身單踢。

15. 海底炮

　上體左轉，左腳向前上步，右腳向左腳裡側併步，兩腿屈膝半蹲；同時，左勾手變拳，向前、向上架拳，右掌外旋變拳先收至腰間，再內旋直臂前下沖拳，拳高與腹平，目視前下方。（圖24）

圖 23

　【動作提要】：上步架拳一致，併步下沖拳一致。

316

16. 二起腳

　動作同前。（圖 25、26、27）

　【動作提要】：上步穿手二起腳。

圖 24

17. 插步格肘

　左腳落地，右腳前落，上體微左轉，重心左移，右掌變拳向左屈臂格肘，左掌變拳隨轉體左擺，微屈臂。（圖28）

　上動不停，上體向左微轉，重心右移，左腳抬起經右腿後插步，

圖 25

圖 26　　　　圖 27　　　　圖 28

接著上體微右轉，左臂向胸前格
肘，同時向下擺於腰側。（圖
29）

　　上動不停，重心右移，右腳
向右邁步，左腿彎曲，右腿蹬直
成橫襠步；同時，右手向右、向
前立肘橫格，拳心向裡，左手向
下、向左擺拳下屈肘，拳心向
裡，目視右拳心。（圖30）

　　【動作提要】：此動是側上
插步、插身左右格肘，上插步要
與左右格肘密切配合，注意連
貫。

18. 返身打勢單

　　動作同第三路第 31 勢。
（圖31）

圖 29

317

圖 30

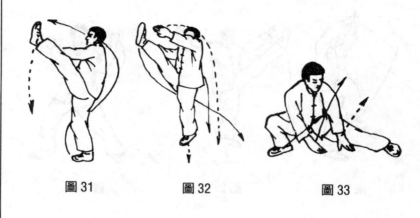

圖 31　　　　　圖 32　　　　　圖 33

19. 轉身擺蓮

動作同第三路第 32 勢。（圖 32）

20. 餓虎撲食

擺蓮腿外擺一周落地後成仆步；同時，兩掌向下拍地，目視兩掌。（圖 33）

圖 34

【動作提要】：擺蓮落地後同第三路第 33 勢探海勢步型，唯上肢不同。

21. 托槍勢

身體直立，重心左移，左腿支撐，右腿屈膝抬起；同時，右手貼身向上提掌，左掌向左擺動。（圖 34）

上動不停，右腳向下跺腳，左腳抬起向左上半步，兩腿屈膝成半馬步；同時，右手微外旋下按，左手內旋下托，掌

圖 35

圖 36

高與肩平，目視左側方。（圖
35）

【動作提要】：下肢是側
上步成半馬步，上肢動作是右
手以小指外側外旋纏拿下按，
左手是旋肘上托。

22. 馬步盤肘

圖 36（附）

重心前移左轉，左腳外
展，右腳左前上步，兩腿屈膝成馬步；同時，左掌內旋向
前、向左擺掌握拳，收抱於腰間，拳心向上，右掌變拳屈臂
上抬，隨左轉體向前頂肘，目視肘尖。（圖 36）

【動作提要】：採手上步後，隨轉體下蹲馬步時，右肘
要向左至胸前猛抖。

23. 順步鞭拳

重心右移，右腳尖外展，左腳尖內扣，左腿蹬直；同

圖 37

圖 38

時，右拳向右擺拳，拳心向下，目視右前方。（圖37）

【動作提要】：轉弓步與右擺拳要一致，力在拳輪。

24. 小 纏

上體微右轉，重心後移，左腿支撐，右腿屈膝前抬，腳尖外展；同時，左拳變掌向前抓住右腕，虎口向裡，接著右拳變掌旋腕抓握成拳後帶，目視右腕。（圖38）

【動作提要】：小纏要左手扣住右腕，右手向外旋抓時，左手微鬆，右手後帶。

25. 馬步沖拳

上體右轉，右腳向下屈膝下震，左腳向左前上步成馬步；同時，左手握拳，隨左上步向左沖拳，拳心向下，右拳收於腰間，目視左前方。（圖39）

圖 39

【動作提要】：震腳馬步沖拳要與小纏連起來做，小纏右手後帶時，要和右震腳一致。

26. 弓步沖拳

動作同前。（圖40）

圖40

27. 採擄踢打

動作同前。（圖41）

28. 坐盤護頂捶

右腳前落，腳尖內扣，上體微左轉；同時，兩拳變掌右伸，右掌心向上，左掌心向下。（圖42）

上動不停，左腳提起經右腿向後右插步，兩腿屈膝下蹲成歇步（或坐盤）；同時，兩掌向上、向左、向下、向右擺動；當擺至右側時，兩掌變拳，左拳繼續向上、向左架拳，拳心斜向外，右拳內旋直臂向右沖拳，拳心向下，目視右側方。（圖43）

圖41

圖42

圖43　　　　　圖44　　　　　圖45

【動作提要】：彈踢落步後，兩掌在胸前掄擺一立圓，護頂沖拳要和下蹲歇步一致，左拳要從體右側上架。

29. 鷂子鑽天

身體直立，右腿支撐，左腿屈膝上抬，兩拳下落，上體微右傾。（圖44）

上動不停，右腳蹬地起跳，騰空裡合擺腿；同時，上體左後轉體360度，左拳變掌攔擊右腳掌，右拳屈肘收抱於腰間。（圖45）

【動作提要】：先抬左腳，直接原地打旋風腳。

30. 金雞獨立

右腳向右落步，腳尖內扣；同時，右拳變掌內旋右伸，左掌拍腳後左擺掌。（圖46）

上動不停，左腿上抬，右手向

圖46

上、向左、向下、向右、向上擺
掌成橫掌，架於頭上方，左掌向
下、向右、向上經右臂裡側向
左、向身後擺掌，屈腕成勾手，
勾尖向上，目視左側方。（圖
47）

【動作提要】：同前。

31. 大鵬展翅

上體左轉，右腳內扣，右腿
屈膝半蹲，左腳在轉體後向前下
落步成左虛步；同時，左勾手變
掌擺於腹前，右掌向右、向下擺
於腹前與左掌交叉，然後上架，
再分掌外擺，掌高於肩，掌心向
下，掌指向外，目視前方。（圖
48）

【動作提要】：落虛步要與
兩掌擺至腹前交叉一致，然後再
分手外擺。

32. 勾摟彈踢

重心前移，左腿支撐，右腳
向前彈踢；同時，兩掌向前、向
下、向後直臂勾摟，目視前方。
（圖49）

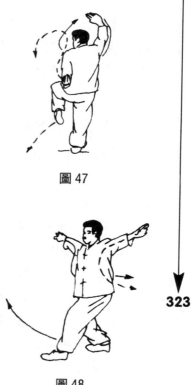

圖 47

圖 48

323

圖 49

【動作提要】：雙掌向前、向下擺壓時，應微向裡成交叉後，變勾手再向後勾，勾尖向上。

33. 換步雙推掌

右腳屈膝向下震腳；同時，左腿屈膝前抬，兩勾手外旋變掌向前擺至腰間。（圖50）

圖50

上動不停，左腳向前落步成左弓步，右腿挺膝蹬直；同時，兩掌內旋，直臂前推掌，掌心向前，掌指向上，兩掌距離同肩寬，目視前方。（圖51）

【動作提要】：右腳下震時要做跳換步。

圖51

34. 青龍擺尾

上體右轉，左腳內扣，左腿屈膝全蹲，右腿貼地平仆；同時，兩掌體前扶地。（圖52）

上動不停，上體右後轉體，右腳腳掌擦地，隨上體擰轉，迅速後掃半周。（圖53）

【動作提要】：同前。

圖52

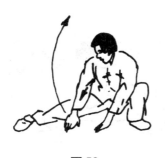

圖 53

圖 54

35.打虎勢

重心右移，右腿屈膝成右弓步，左腿挺膝伸直；同時，兩掌變拳，右拳向右、向上擺架於頭右側，左拳向左、向上、向右下擺按於右腹前，目視前方。（圖 54）

【動作提要】：要領同九路第43 勢。

圖 55

325

36.怪莽翻身

上體微起，左腳抬起經右腿後向右插步；同時，兩拳變掌向下、向左、向上、向右雙擺掌。（圖 55）

上動不停，上體左後轉體 180 度，插步轉開後，左腳再向右經右腿後，向右插步；同時，兩掌隨左後轉體先平轉身，再向左、向上、向右擺掌，掌心向外，掌指向上，目視右側方。（圖 56）

圖56　　　　　　　　　　圖57

【動作提要】：第一次插
步雙擺掌後要平轉身，再做第
二次插步雙擺掌，兩次動作相
同，唯方向相反。

37.燕子入林

　　上體左轉，左腳抬起向左
上步，重心下降，右腳屈膝全
蹲，左腿成仆步；同時，左掌

圖58

反掌順左腿後插，掌心向上，虎口向後，右掌內旋斜上伸
掌，掌心向上，虎口向後，目視左手。（圖57）

　　【動作提要】：左腳左上步時，左掌先反掌後插再左轉
體，插掌虎口貼體下穿。

38.烏龍翻江

　　上體直立，重心前移，右腳向前上步成右弓步，左腳伸
直；同時，左手隨上步，向上、向後擺掌，右掌向下、向前

托掌。（圖58）

上動不停，身體左後轉體180度，右腳內扣，左腳隨轉體，向右退步，左腿屈膝全蹲，右腿向下仆地；同時，右掌隨轉體向上、向前、向下拍地，左掌隨轉體後擺，目視右掌。（圖59）

【動作提要】：掄掌時走立圓。

39. 右護頂肘

重心前移；右腿屈膝成右弓步，左腿挺膝蹬直；同時，右掌變拳向上架於頭上方，左掌變拳，向前、向裡屈臂，肘尖前頂，目視前方。（圖60）

【動作提要】：起身時，右手直接上架，左手直接屈臂前頂肘。

40. 左護頂肘

上體左後轉體180度，重心前移，左腿屈膝成左弓步，右腿挺膝蹬直；同時，左臂隨轉體上架，右拳下落，屈臂，隨左後轉

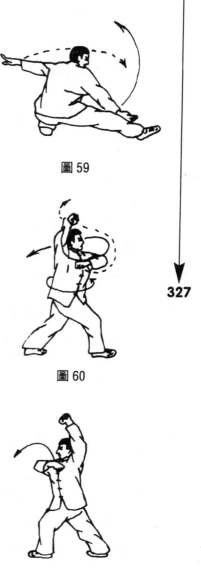

圖 59

圖 60

圖 61

身向前頂肘，目視前方。（圖61）

　【動作提要】：直接轉體頂肘。

41.壓拳彈踢

　右拳以肘關節為軸，向前壓拳。
（圖62）

　上動不停，重心前移，左腿支
撐，右腳向前彈踢；同時，右拳向下
微收，目視前方。（圖63）

　【動作提要】：要領同九路第
14勢。

圖62

42.順步單鞭

　右腳向前落步成右弓步，左腿挺
膝蹬直；同時，右拳立拳直臂前沖，
左拳後擺，兩拳高與肩平，目視前
方。（圖64）

　【動作提要】：同二路單鞭勢。

圖63

43.單手托天

　重心右移，左腳向右腳裡側上步
成併步；同時，兩拳變掌，左掌向
上、向右、向下擺動，右掌向下收於
腰側，然後再直臂上托，掌心向上，
掌指向後，左掌立掌附於右腋下，目
視左側方。（圖65）

圖64

圖 65　　　　　　圖 66　　　　　　圖 67

【動作提要】：左掌下擺時，右掌應從左掌裡側上托。

44. 旋風腳

上體微左轉，右腳向前上步前弓，左腿伸直，腳跟抬起，同時兩掌變拳。（圖 66）

上動不停，左腳後抬，右腳蹬地，騰空裡合；同時轉體360度，左掌攔擊右腳掌。（圖 67）

【動作提要】：同前。

45. 馬步護頂捶

上體微左轉，左右腳依次落地，右腳內扣，左腳外展，兩腿屈膝成馬步；同時，左掌變拳向左上擺動成架拳，右拳內旋隨落步直臂右沖拳，拳心向下，目視右側方。（圖 68）

【動作提要】：右落步要與

圖 68

左架拳一致,馬步要與右沖拳一致。

46.金剛搗碓

左腳微抬左移落步,右腳微抬左移下震;同時,左拳向左、向下外旋,由拳變掌,掌心向上,右拳向上、向下直臂下搗,右拳面擊左掌心,目視右拳。(圖69)

【動作提要】:形同於三路揣襠或天鵝下蛋。

圖69

47.雙採雙撞

上體右轉,重心前移,兩腿彎曲,左腳跟抬起;同時,右拳變掌,兩掌隨轉體向前擺掌。(圖70)

上動不停,左腳向前上步成左弓步,右腿挺膝蹬直,兩掌下擺外旋變拳,至腰側內旋,然後直臂向前雙沖拳,目視前方。(圖71)

【動作提要】:動作同第九路第29勢。

圖69(附)

48.虛步挎籃

重心後移,左腳微收成左虛

圖70

圖 71

圖 72

步；同時，左拳向上、向左、向下、向右、向上擺拳上挎，拳心轉向裡，右拳下落於左肘下，目視左拳。（圖72）

【動作提要】：左拳以肘關節為軸、擺一立圓上挎，右拳應屈肘向裡、向下擺壓。

49. 左封右崩

左腳抬起在右腳內側落步，右腳抬起向前落步成右虛步；同時，左拳內旋，向右下擺壓，右拳向裡、向上、向前崩拳，拳心斜向裡，臂微屈。（圖73）

【動作提要】：由挎肘直接向右肘外側封壓，然後再崩拳。

50. 左驅步金鉤

上體直立，兩拳變掌，右掌內旋左擺，掌心向下，左掌內旋右擺，掌心向下，兩掌胸前交叉，左

圖 73

圖 74　　　　　　　圖 75　　　　　　　圖 76

腿後抬。（圖 74、75、76）

　　上動不停，右腿支撐，左腳擦地向右前勾踢；同時，兩手胸前右絞梅花手，左肘外撐，右手向左附於左臂裡側，目視左手。（圖 77）

　　【動作提要】：動作同第九路第20勢。

51. 右驅步金鉤

　　左腳前落，重心前移，左手屈臂向右擺動，右手插於左肘下。（圖 78）

　　上動不停，重心前移，左腿支撐，右腳後抬，同時，兩手胸前左絞梅花手。（圖 79）

　　上動不停，右腳腳跟擦地向左前勾踢，同時，右肘外撐，左手附於右臂裡側，目視右手。（圖 80）

圖 77

圖 78

圖 79 圖 80 圖 81

【動作提要】：要領同左驅步金鉤，唯左右相反。

52.掄臂拍腳

重心前移，右腿支撐，左腳向前繃踢；同時，右手向下、向後、向上、向前拍擊左腳面。（圖 81）

【動作提要】：前繃踢應和前拍腳一致。

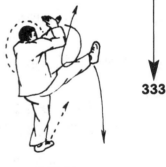

圖 82

53.擺蓮腿

左腿屈膝內扣，右腿蹬地，騰空外擺一周，兩手依次拍腳外側。（圖 82）

【動作提要】：同前。

54.跟步上沖拳

右腳內扣，向下震腳，然後起身，重心右移，右腿支

圖83　　　　　圖84　　　　　圖85

撑，左腿屈膝前抬；同時，右掌向右、向下、向裡收抱於右體側變拳，拳心向上，左拳向下、向左、向上、向右擺至右肩側，然後隨起身右拳上沖，拳眼向後，目視左側方。（圖83）

【動作提要】：此勢應分為兩動，震腳下蹲與擺掌一致，震腳時應靠近左腳，提膝與上沖拳要一致。

55. 下勢敞門

上體左轉，右腳內扣，右腿屈膝半蹲，左腳向前落成低虛步；同時，右拳變掌向左下擺動，與左掌交叉，然後向下，向外分手，掌心朝下，掌指向前，兩掌距離微寬於肩，目視前下方。（圖84）

【動作提要】：分撐手在兩膝前、外側。

56. 巧走擺勢

動作同第五路第3勢。（圖85、86、87、88）

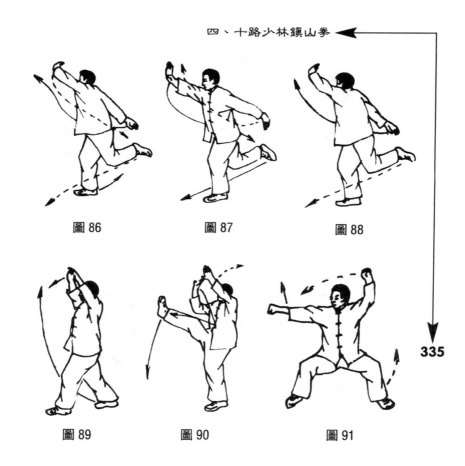

圖86   圖87   圖88

圖89   圖90   圖91

335

57. 單拍腳

左腳向前上步，重心前移，右腳向前擺踢；同時，右手頂擊左掌心後，向下拍擊右腳面。（圖89、90）

【動作提要】：動作同前。

58. 馬步護頂捶

動作同第45勢。（圖91）

圖 92

圖 93

336

59. 肘 腿

動作同第一路第 17 勢搓腳。
（圖 92、93）

60. 翻身劈山

動作同第一路第 17 勢劈山。
（圖 94、95）

圖 94

61. 仆步掃腿

動作同第二路第 24 勢。（圖
96、97）

62. 掤手擺蓮

動作同第一路第 37 勢。（圖
98、99）

圖 95

圖 96

圖 97

圖 98

圖 99

63. 鴻門射雁

　　動作同第一路第 38 勢。
（圖 100）

64. 梅花攪手

　　動作同第一路第 39 勢。
（圖 101、102）

圖 100

圖 101

圖 102

圖 103

65. 虛步挎虎

動作同第一路第 40 勢。（圖 103）

338

66. 謝步佛手

上體直立，左腳後退一步；同時，左勾手變掌前穿。（圖 104）

上動不停，右腳向後退步與左腳併步；同時，右手向右、向上、向左至頭上方時，向下立掌坐腕，左手向左、向下、向右擺掌上托，目視前方。（圖105）

【動作提要】：謝步同前幾路，唯有第十路結束時請示成佛手。

圖 104

收 勢

兩手落於體兩側。

圖 105

五、少林拳法要訣

>>>>>>>>>>>>>>>>>>>>>>>>>>>>>>>>>>>>>

（一）少林拳十要訣

1.明三節

舉一身而論之，則手肘為梢節，腰腹為中節，足腿為根節。然分而言之，則三節之中，亦各有三節也。如手為梢節之梢節，肘為梢節之中節，肩為梢節之根節，此梢節之三節也；胸為中節之梢節，心為中節之中節，丹田為中節之根節，此中節之三節也；足為根節之梢節，膝為根節之中節，胯為根節之根節，此根節之三節也。

總之，不外於起、隨、追而已，蓋梢節起，中節隨，根節追之，庶不至有長短、曲直、參差、俯仰之病，此三節之所以貴明也。

起、隨、追勁法也。三節名，雖不一，而勁法則一也，蓋通身之勁法如是，而各節之中勁法亦如是。起要起去，隨要隨定，追要追上，一動而三動皆至，則無失矣。

歌訣曰：

> 身以滾而起，手以滾而出；
> 身進腳手隨，三節自可齊。

2. 齊四梢

髮為血梢，甲為筋梢，牙為骨梢，舌為肉梢，此四梢也。必使髮欲衝冠，甲欲透骨，牙欲斷金，舌欲摧齒。心一顫而四者皆至，則四梢齊，而內勁出矣。蓋氣從丹田而生，如虎之狠，如龍之驚。氣發而為聲，聲隨手落，手隨聲發，一枝動而百枝動，則四梢齊，而內勁無不出。

歌訣曰：

上提下贅中束練，妙術惟在呼吸間。

3. 閉五行

五行者，金、木、水、火、土也。內屬五臟，外屬五官。如心屬火，心動勇力生；肝屬木，肝動火焰沖；脾屬土，脾動大力攻。肺屬金，肺動沉雷聲；腎屬水，腎動快如風；此五行存於內也。目通於肝，鼻通於肺，耳通於腎，口舌通於心，人中通於脾，此五行現於外也。故曰：五行真如五道關，無人把守自遮攔，真確論也。其所當知者，如手心通心屬火，鼻尖通肺屬金，火到金化自然之理也，餘也類推，大地交合，雲蔽日月，武藝相爭，先閉五行。又曰：四兩可以撥千斤，閉己之五行，即以克人之五行，此與四梢相參。

4. 身法

身有八法，起、落、進、退、反、側、收、縱而已。夫起落者，起為橫，落為順也。進退者，進步低，而退步高也。反側者，反身顧後，而側身顧左右也。收縱者，收如伏

貓，而縱如放虎也。大抵以中節為平宣，以正直為妙。與三節法相合，此又不可不知也。

歌訣曰：

> 起望高束身而起，落望低展身而落。

5. 步法

步法者：寸、踮、過、快、箭也。如二三尺遠，則用寸步，寸步一步可到也。若四五尺遠，則可踮步，必踮一步方能到也。若遇身大力強者，則用過步，進前腳，急過後腳，所謂步起在人落過於人也。如有一丈八尺遠，則用快步，快步者起前腳而帶後腳平飛而去，並非跳躍而往之，此馬奔虎竄之意，非藝成者，不可輕用，惟遠不發腳而已。

如遇人多或有器械，即連腿帶腳並箭而上。進前腳帶後腳，如鷁子鑽林，燕子取水，所謂踩腳二起之說也。學者隨便用之，習之純熟，用之無心，方知其妙也。

341

6. 手足法

手足法：手法者，出、領、起、截也。當胸直出者，為之出手。頸稍發有起有落。曲而非曲，直而非直，為起手。頸梢發起而落者，謂之領手。順起順落，參以領搓者，謂之截手。但起前手，如鷁子鑽林，須束身束翅而起。推後手如燕子取水，往上一翻，長身而落，此單手之法也。兩手交互，並起並落，起如舉鼎，落如分磚，此雙手之法也。

總之，肘護心起，發手撩陰起，其起如虎之捕人也，其落如鷹之捕物也。

足法曰：是法者，起、翻、落、鑽，忌踢宜踩而已。蓋

腳起望膝，膝起望懷，腳打膝分而出，而其形上翻，如手之
撩陰，至於落則如以石鑽物，如手落之佛眉也。忌踢者，腳
踢渾身是空。宜踩者，如置物於足下也。即足落如鷹捉是
也。此足法也。手足之相同，而足之為用，亦必如虎行之無
聲，龍行之莫測，然後可也。

解曰：手法足法，取其輕利活動，萬不可習乎滯氣，以
自陷於敗之，所謂氣不打人也。

7. 上法與進法

蓋上法以手為奇，進法以足為妙。總之以為要。其起手
如單鳳朝陽是也。其進步如前步、搶上搶下，進步後腳踩打
是也。必三節明，四梢齊，五行閉，身法活，手足之法連，
而視其遠近，隨其老嫩，一動而即是也。然其方亦有六焉。
巧、順、勇、疾、恨、真也。巧，巧妙也，順自然也；勇，
果斷也；疾，緊急也；恨，忿怒也；動不容情，一顫內勁出
也。真發定中的見之真，而彼難以變化也。六方明，則上法
進法得矣。

8. 顧法、開法、截法、追法

顧法者，單顧、雙顧、上顧、下顧、顧前後左右也。單
顧者，則用截手；雙顧者，則用橫拳；顧上用沖天炮，顧下
用窩地炮；顧前用前後梢拳，或用前後斬拳；顧左右用括邊
炮，或用括身炮。此以隨機而用，非若他人之鉤連棚架也。

開法者：開左、開右、硬開、軟開也。左開用裡括，右
開用外括。硬開如六藝之硬勁，軟開如六藝之軟勁是也。

截法者：截手、截身、截言、截面、截心也。截手者，

言露其意，而即截之也。截面者，彼露其面者，面即截之也。截心者，彼眉喜面笑，言甘貌恭，而我察其有心，而迎機以截之也。

解曰：面笑不動唇，提防有意人是也。

追法：上法、進步，一氣貫注。即所謂隨身緊趨，追風趕月不放鬆也。彼雖欲走而不能矣，何患其有雜計邪術乎。

9. 三性調養

蓋眼為見性，耳為靈性，心為勇性，此三性者術之妙用也。故眼中不時常循環，耳中不時常報應，心中不時常驚者，則精靈之意在我，庶不致為人所誤矣。

解曰：臨陣須提防，小心沒大差。

10. 勁法

夫勁寓於無形之中，而接於有形之表。而難以言傳，然其理亦可參焉。蓋志者氣之帥也，氣者體之充也。心動而氣即隨之，氣動而力即赴之，此必至之理也。今以功於藝者言之，以為撞勁者非也。功勁者非也。及謂撙勁、崩勁者，皆非也，殆顫勁是也。撞勁太直，而難起落；攻勁太死，而難變化；撙勁崩勁太促，而難為展招。惟顫勁出沒其捷，而不見其形；手到勁發天地交合，而不費其力。

總之，運於三性之中，發於一顫之頃，如虎之伸爪不見爪，而不能逃；龍之用力不見力，而山不能阻。如是九法合而為一，而克人豈有不利乎。

（二）少林拳臨戰秘訣

六合練身法

手與足合，肘與膝合，肩與胯合，意與氣合，氣與力合，左手與右足、左肩與右胯合。左右皆用，內外尤當合，共十二合。

五官合心

耳與心合益聰，目與心合益明，口與心合益勇，鼻與心合益力，手與心合益疾。前不實則探，後不實則倒，方見四梢齊。此所合者何也，合之有所助也。譬如耳本聰，有聽聲之用，再加心去聽，則益增聰也，餘可類推。

身行動法

心動如火焰，肝動如飛箭，肺動沉雷聲，脾動大力攻，腎動快如風，五行順一氣，放膽即成功。手似藥箭，身似弩弓，消息須用後腳蹬。此箭引喻最切要，自須明白，五氣練成一家，自然見長。但提氣隨吸用，贅力隨呼出，此尤不可不知。

嚴密交口

欲與敵人相戰，不可忘記交口，務要知其遠近。一有所忽，遠則失之於嫩，嫩則敵人易逃；近則失之於老，老則己身難起。若犯二病，難免不測之辱。

見死反活法

戰法最忌死勢，或嫩或老皆死勢也。勢死固見輸於敵人，若能反活，猶能取勝。如偶失嫩了，速將後手往前緊搶，後腿往前緊追，庶可以求活。或偶覺失老了，如從上進則用裡束勁法求活；如從下進，則用裡撲勁法求活皆可。起橫不見橫，落順不見順，兩手出入緊隨身，腳心發氣起，起到崑崙。人有心我亦有心，人無心，我亦無心，三起三見，三進不見，勢占中央難變化，直起直落人不知。與人相前，須明三前，即眼前、手前、腳前，踩定中門去打人，如蛇吸食，勢正者不上，勢遠者不上。兩手不離身，腳身快似風，疾上加疾，打了還嫌遲。起手三節不露形，露形不為能。內要提，外要隨，打要遠，氣要催，拳如炮龍折身，遇敵如似火燒身。內實精神，外似安逸。見之如伏貓，奪之如猛虎，布形候氣與神俱往。捷若騰兔，追形逐影，縱橫往來，目不及瞬。若遇人多不用忙，打前顧後是老方，來來往往休停站，乍敵三方戰一方。

345

解曰：一肢動則百肢動，手到不如身到，身到不如心到。先到一心，後到一身，能叫一思進，莫叫一思存。

手法、足法指要

手起撩陰，腳打膝分，膝起望懷，肘發護心。手之出入不離口，足之進退緊隨手，足隨手起，手到足落，手到步不移，定然打去遲。故曰：手起在人而落於己，足起在人而落過於人，步則進盡退存，手則滾出滾回。

身法指要

身法者：起、落、進、退、反、側、收、縱也。梢節起，中節隨，根節追之。上提下贅中束練，動靜呼吸一氣連，身心一動腳氣隨，要將兩手併一腿。前手領，後手追，兩手互換一氣催。

習傳指要

藝以習而精，力以用而出，頭束肩要提，氣贅腿有力，舉步妙存盡，滾手神出入。身動腳手隨，手到步須移，撥拍分左右，挑接看高低。胸上定眼位，手出口不離，相交審接取，動靜合呼吸，試觀嬰兒玩，天然最可思。

運氣用氣法

每朝清晨，面向太陽，吸氣三口，然後運氣，下運之腳心，上運之崑崙。手之出入，足之進退，身之左旋右轉，起落開合，練成一氣，習之純熟，則三節明，四梢齊，五行閉。身法活，手足之法連，由是講明眼位，分清把位，視其遠近，隨起老嫩，你來我往，你去我回，接取呼吸一動即至。蓋運氣則貴乎緩，用氣則貴乎急，取去則宜於呼，接來則宜於吸。身以滾而動，手以滾而出。捶打不見形，要在疾中疾，此中玄妙理，只在一呼吸。

詩曰：

氣出丹田手撩陰，氣提手起緊附身；
至口翻身隨氣發，氣回手握步即存。

納氣分路法

氣者，呼吸也；納者，吸其內也；分者，分明其氣，不使其顛倒混亂也。路者，道路也，一吸一呼各有其路，不可混亂也。法，規矩也。身之束縱，步之存尺，手之出入，或進或退，或起或落，皆當一氣貫注。而因何宜納於吸之中，一吸即得；因何宜納於呼之中，一呼而無失，接取之間勝敗繫焉，萬不可以混旋。吾見世之學藝者，或大小洪拳，或大小通臂合習等。而問其氣之何以運用，則曰：我未思也。或曰吾雖思之，而無以論之也。吾非習藝而精於氣者，而願以素所聞於父老者，公同好焉。

白猿洗臉法

前手虛，後手實，前一叫，後一遞，呼吸抓了臉上皮，有鉤掛、有摟劈，一來一去疾中疾，或左取或右取，兩手互換快如飛，撥拍妙挑勢勢易，拳把欲得此中妙，想出猴形自不迷。

捶打十分力，力從氣中出，運氣貴呼緩，用氣貴呼急，緩急神其術，盡在一呼吸。藝以習而精，力以用而出，業精於勤，年深日久妙自生。

（三）少林拳二十四字訣

扳喚攪摖，移身閃站，
有無虛實，筋擎懈綻，
呼吸動靜，迎風轉換。

扳喚攔撦

扳者，反手打去也。喚者，叫也。叫之動而觀其可以來也。叫之動而即動，則將迎風轉換，妙其術以取之可也。叫之動彼不動，即使先人一招，緊人一步，遂使日月無光，而盲乎莫睹也。攔者，阻也。見其來阻之，使不得後退也。扳喚使於未動之先，攔撦使於已動之後。必須觀其頭先來，手先來，腳先來，或高或低，或左或右，隨勢打勢，得門飛入。能叫一思進，莫叫一思存，最忌思悟，手起擦陰，足起望膝，膝起望懷，肘起護心。

詩曰：

未用扳喚先秀身，眼位身法要定眞；
迎風使去方為妙，接來送去始知神。

348

移身閃站

移身者，將身移於一旁也；閃者，閃來猛來之勢也；站者，我必存盡，我步以站立住，而不至於傾跌也。蓋交手之際，彼來若緩，接法易見；彼來若猛，來勢將直沖像，必恍惚，難以提防。故見其撲身而來，即將我身移於一旁，閃其勢，懈其力，而乘機以取之也。

昔之云：移閃之法最為奇，戰鬥中之妙技，計謀中之仙著也。然亦貴乎善用焉，彼未來而先移，則先於早，早則見我移，而不來，或變勢而來。彼已動而移，移則失於晚，晚則我欲移而不得，必要身受其毒。用此術者，須將眼位講明，身法辨明，步法分明，手法說明，提贅術熟，呼吸氣練，迎其風而閃之，乘其間而取之，一存一盡，一動一靜，

而功捷矣，所謂捶打人不防也。

詩曰：

> 捶把妙術在移閃，動靜呼吸一氣連；
> 來來去去需隨便，玄妙盡在接取間。

> 通背名移閃，心意號騰挪；
> 近移接取便，遠挪找不著；
> 一氣通天地，兩氣隔山河；
> 密雲蔽日月，總為妙術多。

有無虛實

有力至也，無力抽也。虛勢中有玄而若虛也，實勢中無玄而若實也。蓋人已交手之際，將勢踏定，看著無力而勢虛，卻又有力而勢實，以為勢實而有力，卻又無力而勢虛，時有時無，忽虛忽實，運用之妙施於一身，而抖擻之威靈於一心，即所謂不滯於有，不論於無，運實變虛，以虛為實。如與人相交不可妄動輕進，要將我身秀住，上提下贅，手不離口，前領後追，足緊隨身，退存進盡；眼為見性時常循環，耳為靈性時常報應，心有勇性時常驚省，蓄吾勢以養情靈之神。則見可進而進，接取必符。不然恃其強壯，而無門可進，有不為人所悟者寡矣。

詩曰：

> 拳把莫輕言交人，滯氣不化最可怕；
> 若能會透變化理，妙術不落他人下。

筋擎懈綻

筋者，接其來而筋之也；擎者，執肱而輕扶之，以忖其來力去力也；懈者，散也，散其來力而使之得來前也；綻者，過硬擋，即反手轉進也；然筋懈之也，綻之以閃懈之也。推之或則點退，或斬截，或則移身轉身，以及攪摺摟劈，挑押鉤掛，撥拍駝架，沖握括挎等，凡接取之妙無非懈也；其法要貴善用焉。

詩曰：

> 上提下要贅，身進腳手隨；
> 接取合呼吸，定送暴客回；
> 莫忘撩陰手，勤走十字路；
> 拳把玄妙理，盡在此中伏。

> 人言捶打十分力，一遇懈手不敢出；
> 驗過四兩撥千斤，方知他力助我力。

呼吸動靜

呼吸者，氣也；動靜者，心也。心一動而氣一吸，則無力而勢虛矣。心一動而氣一呼，則有力而勢實矣。然靜要專一，動要精神，吸必緊急，呼必怒髮，心為元帥，氣為先行，目為旌旗。目若恍惚，指示不明，則動靜失宜，呼吸倒置，陣必失矣。習此藝者，先要講明眼位，視之不至恍惚，則目之所注，志必至之。志之所至，氣必隨之，心一動，而百體從令，振其精神，揚其武威，動靜呼吸之間，而接法取法盡納於一氣中矣。所謂捶把尚一氣，兩氣不打人者，此之

說也。身之起落，步之進退，手之出入等，法活而氣練，來速而去疾，不戰則已，戰則必勝矣。

詩曰：

> 拳把若不知練氣，總有仙著不足恃；
> 頭束肩提步存盡，一動一靜一呼吸。

迎風轉換

迎者，向前接也；風者，彼來帶之風氣也；轉換者，即是改換也。眼見彼之來，接其風而改其術，則再取之。如初用扳進，見其來接，即換綻進，或改摟劈，或帶攪摺，接取之術變化無究，不可執一而論也。

所謂目前用撥拍，扶攪帶回摺，摟劈與鉤掛，挑、押、走、搓、摩，上顧使沖天炮，下顧捲用握，前後用稍捶，左右使透括，上括下須撩挎，前掃後用括，前來宜進跺，後退宜回跺，棒架向高起，按挎往下落，下打用劈山，上起必挑撾，單鞭與斜行，在開自有合，拳內要用蹉，後人具不知，若能得其意，妙哉斯知神，順橫兩相制，貴則身法活。

詩曰：

> 上法須知先上身，腳手齊到斯為真；
> 接來送去得妙法，藝到變化斯知神。

國家圖書館出版品預行編目資料

少林十路鎮山拳/吳景川　主編
——初版，——臺北市，大展，2005〔民94〕
面；21公分，——（少林功夫；13）
ISBN　　957-468-360-5（平裝）

1.少林拳

528.97　　　　　　　　　　　　　93023658

少林十路鎮山拳

ISBN 957-468-360-5

主　　編/吳景川
責任編輯/張清垣
發 行 人/蔡森明
出 版 者/大展出版社有限公司
社　　址/台北市北投區（石牌）致遠一路2段12巷1號
電　　話/（02）28236031・28236033・28233123
傳　　眞/（02）28272069
郵政劃撥/01669551
網　　址/www.dah-jaan.com.tw
E－mail/service@dah-jaan.com.tw
登 記 證/局版臺業字第2171號
承 印 者/國順文具印刷行
裝　　訂/協億印製廠股份有限公司
排 版 者/弘益電腦排版有限公司
初版1刷/2005年（民94年）3月

定　價/300元